KB058607

텐배거
1000%
수익 바이블

반드시 10배 수익주가 탄생할
7가지 투자 섹터

텐배거 10BAGGER
1000%
수익 바이블

강병욱 지음

21세기북스

당신도 수익 10배짜리 종목을 고를 수 있다

　우리나라에 주식투자자가 1천만 명이 넘습니다. 저금리 시대에 주식투자를 하는 것은 어쩔 수 없다고 해야 할까, 어쩌면 자연스러운 일입니다. 비단 우리나라 투자자들뿐 아니라 주식투자를 하는 전 세계 투자자들의 소망은 주식투자를 통해 큰 수익을 얻는 것입니다. 사실 5년 또는 10년 정도의 기간 동안 투자를 통해서 2배 내지 3배의 수익을 내는 것은 그리 어려운 일이 아닙니다.

　그런데 모든 투자자의 꿈이라고 하는 게 있습니다. 10배짜리 종목을 사서 수익을 내는 것이죠. 이것을 '텐배거ten bagger'라고 하는데, 누구나 할 수 있는 일은 아닙니다만 불가능한 일도 아닙니다. 과거 사례를 정리하고 그 안에서 종목에 대한 통찰을 얻을 수 있다면 충분히 가능한 일입니다. 예를 들어 장기적으로 성장을 하는 기업, 새로운 기술 트렌드의 최첨단에 서 있는 기업, 긴 시간 동안 독점적인 지위를 유지할 수 있는 기업, 경기 순환기에 경기회복의 최첨단에 서 있는 기업, 그리고 혹독한 구조조정을 통해 턴어라운드를 성공적으로 완수한 기업 등은 텐배거가 될 수 있는 충분한 조건을 갖춘 기업으로 평가할 수 있습니다. 미래에도 비슷한 일이 반복된다는 전제하에 상황과 종목은 다르더라도 일정한 법칙을 알고 있으면 대응이 가능합니다.

종목을 고르는 일만큼이나 중요한 것은 버티는 것입니다. 텐배거를 잡았더라도 큰 수익을 얻기 전에 팔아버린다면, 특히 시세 분출 초기에 매도해버린다면 너무나도 안타까운 일이죠. 따라서 텐배거를 얻으려면 좋은 종목을 사는 일과 그 시세를 온전히 즐기는 일, 두 가지가 동시에 만족되어야 합니다.

이 책은 다양한 사례를 통해 어떤 조건에서 텐배거가 탄생하는지 설명하고 실제 종목사례도 제시합니다. 그리고 텐배거 시세를 온전히 즐기는 방법도 자세히 설명해드립니다. 따라서 이 책을 잘 숙지한다면 꿈의 종목 텐배거는 그리 멀리 있는 것이 아니라 내 손에 잡힐 듯한 위치에 있다는 것을 알게 될 겁니다.

이 책에서는 두 가지를 강조합니다. 첫째는 어떤 경우라도 주가는 기업가치와 동행한다는 겁니다. 기업가치가 뒷받침되지 않는 종목은 절대 텐배거가 될 수 없습니다. 둘째, 욕심이 앞서는 투자는 절대 텐배거를 차지할 수 없습니다. 주식시장에는 "황소도 벌고 곰도 벌지만 돼지는 벌지 못한다"는 말이 있습니다. 강세장에서도 돈을 벌수 있고, 약세장에서도 돈을 벌 수 있지만, 무턱대고 욕심을 내서 덤비는 투자자는 돈을 벌지 못한다는 말입니다.

　모든 스포츠의 기본은 몸에 힘을 빼는 것이라고 합니다. 주식투자도 마찬가집니다. 욕심을 내려놓고 맑은 눈으로 종목을 분석하면 텐배거의 꿈은 반드시 이루어집니다. 여러분의 성공적인 투자를 기원합니다.

Contents

1장

텐배거 종목이란

01

텐배거 종목은
멀리 있지 않다

야구를 좋아하는 사람이라면 안타에 1루타, 2루타, 3루타 그리고 홈런이 있다는 것을 알 겁니다. 야구에서 '10루타'라는 말은 없죠. 하지만 주식시장에는 10루타 종목이 있습니다. 이를 '텐배거ten bagger'라고 하며, 10배 이상의 수익을 내는 종목을 말합니다. 텐배거는 1977년부터 13년간 마젤란펀드를 운용하면서 2,703%에 달하는 놀라운 수익률을 기록한 『전설로 떠나는 월가의 영웅』의 주인공 피터 린치Peter Lynch가 처음 사용한 단어인데요. 반드시 10배라기보다는 높은 수익률을 올린 종목이라는 의미로 사용되고 있습니다.

우리나라에서도 텐배거 종목은 심심찮게 나타납니다. 다만

투자자들이 그 종목에서 제대로 된 수익을 올리지 못했을 뿐이
죠. 우리나라 주식시장에서 10배 이상의 수익을 준 종목을 몇
가지 살펴보면 먼저 증권업종이 있습니다. 증권업종에서는 IMF
외환위기가 지나간 1998년 6월~1999년 12월까지 불과 1년
6개월 사이에 다수의 종목이 1,000% 이상의 주가상승을 보였
습니다. 그중 삼성증권(1,228%), 현대증권(1,077%) 등이 큰 폭의
상승을 보였는데요.

　당시 이들 종목이 텐배거가 된 이유는 외환위기를 거치는 동
안 많은 은행과 증권사가 영업정지를 당해 도산하는 와중에, 그
래도 삼성그룹과 현대그룹은 망하지 않을 것이란 투자자들의

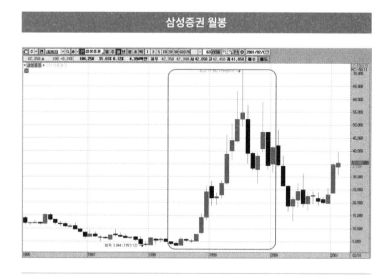

삼성증권 월봉

기대가 시중의 자금흐름을 이들 증권사로 끌고 갔기 때문입니다. 즉 국가 신용보다 더 높은 이들 기업의 신용도에 대한 믿음이 주가상승의 원동력이 되었던 것이죠. 당시 삼성증권의 주가 움직임은 왼쪽 아래와 같았습니다.

또 한번 텐배거 종목이 나왔을 때는 2004년부터 2007년 사이 건설업종과 기계업종에서 나타난 때입니다. 당시 건설 경기는 국내 주택 부문의 호황과 해외 플랜트 수주의 증가 덕분에 상승세를 타고 있었기에, 현대건설(1,304%), 두산중공업(3,065%) 등이 텐배거에 이름을 올렸습니다. 당시 두산중공업의 월별주가 동향을 통해 본 주가상승은 아래와 같았습니다.

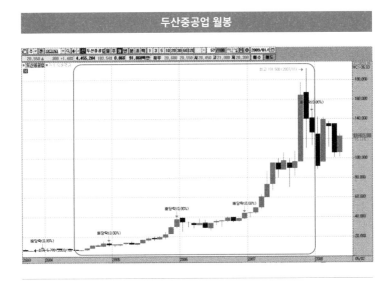

두산중공업 월봉

최근에 나타난 텐배거 종목 중 대표종목은 코로나19 사태로 인해 매출과 이익이 급증한 분자진단업체 씨젠SeeGene이었습니다. 씨젠은 코로나19의 감염 여부를 진단해주는 다중분자진단 분야에서 최고의 기술력을 가진 회사인데, 내수는 물론이고 수출물량까지 급증하면서 단연 최고의 종목이 되었습니다. 씨젠은 코로나 팬데믹이 선언되기 직전인 2020년 2월부터 그해 8월까지 1,007%의 상승률을 기록했습니다. 씨젠의 주가 움직임은 아래와 같았습니다.

이런 텐배거 종목은 우리 시장에서만 나타나는 것은 아닙니다. 미국은 우리나라보다 더 큰 시장이고 최근 미국시장에 투자하는 국내투자자들, 즉 서학개미들이 가장 사랑한 종목은 테슬

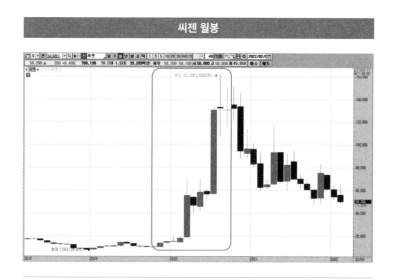

씨젠 월봉

라였습니다. 테슬라Tesla는 전기차를 생산·판매하는 회사인데, 환경문제가 불거지고 자율주행자동차의 플랫폼이 전기차를 기반으로 한다는 기대가 몰리면서 불같은 상승세를 보였습니다. 테슬라는 2020년과 2021년 2년에 걸쳐 무려 1,779%의 상승률을 기록했습니다. 테슬라의 주가 움직임은 아래와 같았습니다.

이렇듯 10배 이상 상승하는 종목인 텐배거는 바로 우리 곁에 실제로 나타나는 현상입니다. 그런데 텐배거가 만들어지는 데는 공식이 있습니다. 먼저 텐배거가 어떤 상황에서 나타나고 주가를 상승시키는 본질적인 요인이 무엇인지를 정확히 알고 있어야 대응이 가능합니다. 더 큰 과제는 텐배거가 될 종목을 매수했더라도 그 수익을 오롯이 거둘 수 있는 매매 전략을 아는

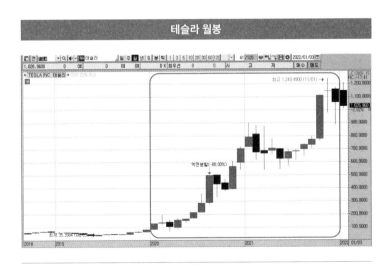

테슬라 월봉

것입니다.

지금부터 모든 투자자의 소망인 텐배거 종목 사냥을 향한 여행을 떠나보겠습니다. 설레는 마음으로 함께하시죠.

02

어떤 종목이
텐배거가 되는가?

　주식시장에 상장된 모든 종목이 텐배거가 되는 것은 아닙니다. 상장 이후 계속 주가가 떨어지다가 상장폐지되는 종목들도 있고, 상장 이후 별다른 주가 상승을 보여주지 못하고 지리멸렬하게 움직이는 종목들도 허다합니다.

　텐배거가 될 자질을 갖춘 기업은 어떤 특징을 가지고 있을까요? 텐배거 종목을 찾기 위해서는 그 종목들이 가지고 있는 특징을 살펴보는 것이 중요합니다.

소비자 독점형 기업

소비자 독점형 기업이란 개념은 오마하의 현인 워런 버핏 Warren Buffet이 종목을 선정할 때 사용하는 개념입니다. 버핏은 자신이 가장 선호하는 기업의 형태를 톨브리지Toll bridge형 기업 이라고 했습니다. 여기서 말하는 톨브리지란, 예를 들어 서울의 강남과 강북을 잇는 교량이 많이 있지만, 다리가 하나만 있다고 가정한다면 그 다리 가운데 톨게이트를 놓아 통행료를 받는 형 태의 기업을 말합니다.

톨브리지형 기업의 특징은 우선 독점적인 사업을 한다는 겁 니다. 경제학적으로 봤을 때 기업의 수익성이 가장 높은 형태의 경쟁은 바로 독점일 때입니다. 어떤 기업이 독점기업이 되면 제 품의 가격을 마음대로 올리거나 내릴 수 있습니다. 그런데 실제 로 가격을 내리는 기업은 찾아볼 수 없죠. 독점기업은 정상이윤 이상의 독점적 이익을 거두어 높은 수익을 얻습니다.

톨브리지형 기업의 또 다른 특징은 미래 사업을 위해 재투자 를 하지 않아도 된다는 겁니다. 미래 사업을 위해 재투자하고 마케팅 비용을 많이 쓰면 자연히 수익률이 떨어지게 됩니다. 예 를 들어 삼성전자가 연간 60조 원 정도의 영업이익을 올린다고 해봅시다. 그러면 투자자들은 삼성전자라고 하면 연간 60조 원 의 영업이익을 생각하게 되죠. 그런데 삼성전자가 미래 사업을 위해 30조 원 정도를 재투자한다면 삼성전자는 실제로는 30조 짜리 영업이익을 올리는 기업으로 봐야 한다는 것이 버핏의 생각입니다.

다시 말해, 톨브리지형 기업은 독점적인 영업을 하면서 미래 사업을 위해 재투자를 크게 하지 않아도 수익성을 유지하는 기업을 말합니다. 다리 위에 있는 톨게이트가 무슨 재투자를 하겠습니까?

버핏이 생각하는 톨브리지형 기업의 형태는 첫째, 상표가치가 높고 단기간에 소모되는 제품을 생산하는 기업입니다. 기업들이 광고를 하는 이유는 소비자에게 그 제품의 존재를 알리고 소비를 촉진하기 위해서입니다. 그런데 상표가치가 높은 기업은 소비자들의 상표충성도가 높아 딱히 광고를 하지 않아도 소비가 일어납니다. 그리고 단기적으로 소모되는 제품은 소비자들이 반복적으로 소비하게 되므로 기업의 매출이 꾸준히 이어지는 조건이 됩니다. 반대로 내구성이 높아서 수년 또는 수십 년 동안 재구매나 반복구매가 이루어지지 않은 제품이라면 그 회사는 낮은 수익에 그치거나 도산에 이르게 되겠죠.

톨브리지형 기업의 두 번째 형태는 사람들에게 꼭 필요한 서비스를 제공하는 기업을 말합니다. 버핏은 자본의 소비가 거의 없고 고임금이나 고학력의 노동력도 필요 없지만 소비자들에게 꼭 필요한 서비스를 제공하는 기업을 지목했습니다. 이런 기업의 예로는 해충방제 기업, 청소부 또는 가정부파견 기업, 잔디관리 기업, 경비파견 기업 등이 있습니다.

소비자 독점기업의 대표적인 기업으로 워런 버핏은 코카콜라를 꼽았습니다. 그는 코카콜라는 죽을 때까지 팔지 않을 기업이라고 말합니다. 코카콜라는 1980년 이후 2021년까지 무려 9,767%에 달하는 수익률을 기록하고 있습니다.

톨브리지형 기업은 아닐지라도 독점적인 지위 또는 시장지배적인 위치에 있는 기업들은 텐배거가 될 수 있는 충분한 조건을 갖춘 것으로 볼 수 있습니다. 기업의 수익성은 독점상황 내지는 적어도 과점상황에서 발생한다는 점은 중요한 포인트가 될 겁니다.

코카콜라 연봉

우리나라 캡슐시장의 지배적인 사업자는 '서흥'입니다. 우리가 먹는 약 중 마이신과 같은 약품은 경질 캡슐에 속하고 오메가3와 같이 말랑말랑한 제품은 연질 캡슐인데, 서흥은 이런 캡슐을 만듭니다. 그 시장에서 독점적인 지위를 차지하고 있는 동사의 주가 동향을 보면 독점적 지위를 갖는 기업의 주가 움직임을 엿볼 수 있습니다.

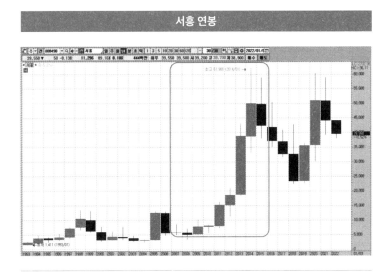

서흥 연봉

핵심기술을 보유한 기업

텐배거 기업의 두 번째 특징은 핵심기술을 보유한 기업입니다. 여기서 말하는 핵심기술이란 완성품을 만드는 데 들어가는 핵심기술이 될 수도 있고, 지적재산권을 가진 프로그램이 될 수도 있습니다. 핵심기술을 가진 기업의 대표적인 예는 인텔Intel입니다. 지금은 비메모리 반도체가 여러 기업에서 만들어지지만 개인용 컴퓨터인 PC가 본격적으로 보급될 때 거의 대부분의 PC에 인텔 마이크로프로세서가 장착되었습니다. 그래서 PC마다 겉면에 'Intel Inside'라는 글귀가 적혀 있었던 겁니다. 단순 저장기능을 수행하는 D램 반도체는 삼성전자 등이 강자로 올라섰지만, 연산을 하는 중앙처리장치 CPU에는 인텔 마이크로프로세서가 핵심부품으로 오랫동안 역할을 했습니다.

바로 이런 기업이 텐배거가 될 수 있는 조건을 갖춘 기업입니

인텔 월봉

다. 핵심기술을 가진 인텔의 과거 주가를 보면 'Intel Inside'를 쓰기 시작한 1991년부터 1999년까지 약 9년 동안 3,455%의 수익률을 기록합니다. 인텔의 주가 움직임은 왼쪽 아래와 같습니다.

라이프사이클이 긴 제품을 보유한 기업

주식시장에서는 이익을 많이 내는 기업의 주가가 높다는 것은 모두가 아는 사실입니다. 그런데 이익의 질도 중요합니다. 예를 들어 어떤 기업이 한 해 걸러 흑자와 적자를 반복한다면 이익의 질이 매우 불량한 기업입니다.

주식시장에서 눈여겨봐야 하는 기업의 형태는 LTPGLong-Term Profitable Growth형 기업입니다. 이는 장기적으로 수익성 있는 성장을 하는 기업입니다. 예를 들어 어떤 기업이 장기간에 걸쳐 꾸준히 이익이 증가한다면, 그런 기업은 이익의 질이 매우 좋은 기업으로 분류할 수 있습니다.

기업은 물건을 팔고 그로부터 이익을 만들어냅니다. 그런 점에서 본다면 항상 잘 팔 수 있는 제품을 보유한 기업의 주가가 높게 형성되는 것은 당연한 이치일 겁니다. 그런 점에서 기업이 보유한 제품의 라이프사이클을 분석해보는 것도 텐배거 종목의 특성을 파악할 수 있는 중요한 단서가 됩니다.

어떤 제품은 라이프사이클이 매우 짧습니다. 예를 들어 요즘 우리 모두가 생활필수품처럼 가지고 다니는 휴대폰의 경우 시장에서는 반년에 한 번 새로운 모델이 나옵니다. 예를 들어 휴대폰을 제조하는 기업이 1년에 한 번씩 새로운 모델을 출시한다고 했을 때 매번 베스트셀러 제품이 되지는 못할 겁니다. 어느 해에 출시한 제품의 판매가 부진하다면 그 기업의 수익성에는 큰 타격을 줄 겁니다. 그래서 라이프사이클이 짧은 제품을 취급하는 기업의 주가는 변동성만 클 가능성이 높습니다.

반면 라이프사이클이 긴 제품을 판매하는 기업의 주가는 장기 안정적으로 상승하는 모습을 보입니다. 예를 들어 음식료 기업 중에서 장기적으로 잘 팔리는 제품을 보유한 기업이 많이 있습니다.

농심의 새우깡, 신라면 등과 오리온의 초코파이, 빙그레의 바나나맛우유 등은 수십 년에 걸쳐 베스트셀러 제품으로 자리 잡고 있습니다. 이들 기업들의 주가를 보면 대체로 텐배거를 기록했던 것을 볼 수 있습니다.

대중적인 간식, 간단한 술안주 그리고 명절 선물로 많이 사용되는 참치캔을 생산·판매하는 동원F&B의 경우도 텐배거입니다. 동사의 주가 동향을 살펴보면 2008년 11월부터 2015년 8월까지 무려 3,195%의 수익률을 기록했습니다.

동원F&B 월봉

제품 라이프사이클이 긴 또 다른 종목은 라면과 새우깡으로 대표되는 농심입니다. 농심은 오랜 세월 동안 소비자들에게 사랑받는 제품을 지속적으로 출시함으로써 우리 곁에 없어서는 안 될 대체식량 혹은 간식을 제공해왔습니다. 농심의 주가가 얼마나 탄탄하게 상승했는지 다음 차트를 통해 확인할 수 있습니다.

결국 라이프사이클이 긴 제품을 가진 기업이나 새로운 신제품을 끊임없이 출시하면서 장기적으로 수익성 있는 성장을 하는 기업이 텐배거의 특성을 가졌다고 볼 수 있습니다.

장기간 외면받던 기업

장기간 투자자들에게 외면받던 기업이 시장의 중심으로 떠오르는 경우가 있습니다. 이런 기업에는 여러 요인이 있을 수 있습니다. 예를 들어 구조조정을 실행한 후 한동안 영업성과가 없다거나 장기간 성장하지 못하는 등 원인은 다양할 겁니다. 그런데 구조조정을 했던 기업의 실적이 급증한다든지, 장기간 성장하지 못하던 기업이 새로운 성장동력을 장착한다든지 해서 우량기업으로 거듭나는 경우 주가가 폭발적으로 상승하게 됩니다. 이 또한 텐배거 종목의 특징입니다.

예를 들어 2015년 이후 글로벌 경기부진으로 경영난에 허덕이던 해운사들을 대상으로 대대적인 구조조정이 있었습니다. 당시 우리나라 해운사들은 거의 파산에 가까운 어려움을 겪었었는데요. 그때 살아남은 기업이 옛 현대상선인 HMM입니다. HMM은 코로나 팬데믹 이후 우리나라 수출이 급증하는 과정에서 수익성이 극적으로 개선되어 단기간에 폭발적인 상승을 보이며 텐배거 종목이 되었습니다. HMM의 주가 동향을 살펴보면 다음과 같습니다.

이렇게 장기간 소외됐던 기업들이 무더기로 나타난 일은 1992년 자본시장 개방 시기에도 있었습니다. 1992년 이전에는

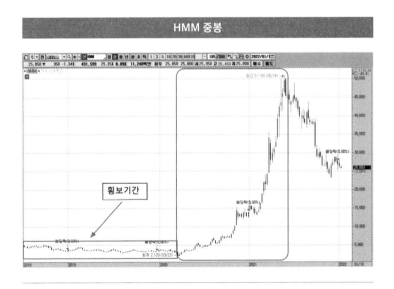

HMM 중봉

외국인 투자자들이 우리나라 주식시장에서 주식을 단 한 주도 살 수 없었습니다. 그러나 1992년 1월 3일부터 개방된 우리 주식시장에서 외국인들이 제일 먼저 매수한 종목은 '저 PER(주가수익비율) 주식'이었습니다.

그 가운데 눈에 띄었던 종목으로 대한화섬이 있습니다. 부채비율이 지극히 낮고 투자자들에게 외면받았던 기업에 외국인 수급이 들어오면서 세상에 모습을 드러내기 시작했고, 그 결과 엄청난 주가 상승을 보였던 겁니다. 당시 대한화섬의 주가 움직임은 아래와 같았습니다.

HMM과 대한화섬의 주가 동향을 볼 때 유의해야 하는 것은

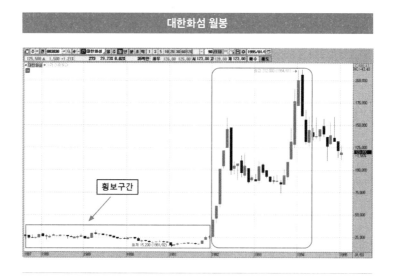

주가가 상승하기 전에 장기간에 걸친 횡보 기간이 있다는 점입니다. 이 기간에 시장에서 철저히 외면받던 주가가 실적급증하거나 수급 유입이란 소식에 급등하는 그 과정을 이해하는 것이 텐배거를 찾을 수 있는 단서가 됩니다.

텐배거는 언제나
등장해왔다

텐배거 종목은 어느 시대에서나 주식시장에 나타나는 현상입니다. 텐배거 종목은 경기의 큰 변곡점에서 나타나기도 하고, 새로운 산업이 출현할 때도 나타나고, 큰 위기가 지나갈 때도 나타납니다. 1980년대 이후 우리 주식시장에 나타난 텐배거 종목을 당시 상황과 관련해서 정리해보면 다음과 같습니다.

1980년대 3저 호황기

1980년대 우리나라는 저금리와 원화 가치 약세 그리고 저유가를 발판으로 기록적인 경제성장을 이뤄냅니다. 당시 우리나라의 경제구조는 경제의 개방도는 높은데 경제 규모는 국제시장에서 주도권을 행사할 정도가 아닌 소규모 개방경제Small Open Country였고 정부의 산업정책에 의해 수출주도의 경제성장을 이뤄내고 있었습니다.

당시 국제무역은 종합상사들이 주도했었습니다. 게다가 중동건설 붐을 타고 건설사들의 실적이 급증했고, 무역수지 흑자를 바탕으로 돈이 우리나라로 몰려들면서 은행과 증권 같은 금융사들이 호실적을 바탕으로 큰 폭의 상승을 보였습니다. 그래서 1980년대와 1990년대 초까지 건설, 무역, 금융주 등이 '트로이카'라고 불리면서 주식시장을 주도했습니다.

그사이 3저 호황(저금리, 저유가, 저달러)을 주도했던 많은 기업이 구조조정과 인수합병 등을 통해 주식시장에서 사라졌지만, 당시 가장 크게 주목을 받았던 대우증권(현재는 미래에셋증권)의 경우 1986년 2월부터 1989년 1월까지 무려 1,850%의 주가 상승을 기록했습니다.

그 밖에도 주식시장의 규모가 현재와는 비교도 안 될 정도로 작았던 당시에도 텐배거 종목들이 상당수 나타났습니다. 당시 대우증권의 주가 움직임은 다음과 같았습니다.

통신혁명, KOSPI200 지수의 탄생과
블루칩의 약진

1994년은 우리 주식시장에 큰 변곡점을 불어온 사건이 있었던 해입니다. 바로 선물옵션거래의 기초자산이 되는 코스피200 지수가 발표된 겁니다.

이는 1996년부터 시작될 선물거래와 1997년에 시작될 옵션거래에서 차익거래를 위해서는 200개 종목을 반드시 보유해야 한다는 것을 의미합니다.

그래서 당시 코스피200 종목에 편입된 종목과 그렇지 못한 종목 간에 극명한 주가 차별화 현상이 발생했는데요. 당시 우리 나라 주식시장의 대표적인 우량주는 SK텔레콤이었습니다. 물론 시장의 제도 변화도 영향을 미쳤지만 당시 유선전화 대신 무선전화의 보급률이 급격히 늘어나면서 SK텔레콤의 주가도 폭발적으로 상승했습니다. SK텔레콤은 코스피200 지수가 발표된 1994년부터 고점을 기록한 2000년 2월까지 무려 2,316%의 상승을 기록했었죠.

당시 시가총액이 큰 대형우량주들도 대체로 큰 폭의 상승을 보였습니다. SK텔레콤의 주가 동향은 다음과 같았습니다.

SK텔레콤 월봉

닷컴버블 시기

　　IMF 외환위기는 우리 경제에 많은 어려움을 줬지만, 경제구
조를 고도화하는 데 큰 역할을 한 것도 사실입니다. 당시 제3의
물결이 몰아쳐 인터넷을 기반으로 한 정보통신혁명이 일어났고
주식시장에서는 인터넷을 기반으로 한 닷컴(.com) 기업을 중심
으로 폭발적인 상승이 있었습니다. 우리나라 닷컴버블 시기에
가장 큰 관심을 모았던 기업은 새롬기술(현재 솔본)이었습니다.
새롬기술은 무료 인테넷전화 다이얼패드를 앞세워 엄청난 규모
의 자금을 끌어모으며 당시 코스닥 시장의 상징과도 같은 자리

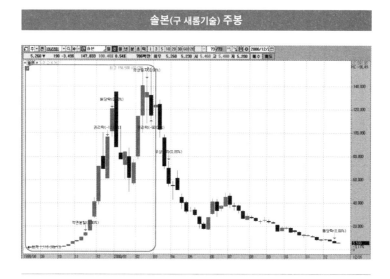

솔본(구 새롬기술) 주봉

에 올랐습니다. 닷컴버블 시기인 1999년부터 2000년 사이에 새롬기술은 13,674%의 상승률을 기록했습니다. 무려 130배의 주가상승을 기록한 경이적인 수익률이었습니다.

물론 그 이후 주력제품이 무료라는 점에서 실제적인 수익성에 대한 의구심이 퍼지면서 주가가 급락하는 어려움을 겪기도 했지만, 이는 닷컴혁명이란 기술적 변화 과정에 나타난 현상으로 볼 수 있습니다. 당시 새롬기술의 주가 움직임은 왼쪽 아래와 같았습니다.

적립식펀드 열풍 시기

IMF 외환위기의 어두운 그림자가 물러간 후 우리나라에 '부자 되기 열풍'이 불었습니다. 이때 은행과 증권 등 금융회사들이 적립식펀드를 판매했고, 이로 인해 적립식펀드 붐이 일어났습니다. 2001년 처음으로 우리 시장에 전파된 적립식펀드 열풍은 2007 글로벌 금융위기 전까지 이어졌습니다. 2006년 당시 간접상품의 수탁액이 235조 원에 이를 정도로 엄청난 돈이 주식시장으로 몰렸습니다.

당시 주식시장에는 '차화정' 혹은 '화정자'라는 용어가 유행했었는데 차화정은 자동차, 석유화학, 정유주를 말하고, 화정자도 마찬가지로 화학, 정유, 자동차를 의미합니다. 이 말이 나온 이유는 당시 주식시장을 주도했던 종목들이 자동차업종, 석유화학업종 그리고 정유업종에 속한 종목들이었기 때문입니다.

여기에 또 하나의 업종이 호황을 보이면서 주식시장을 주도하는 업종으로 떠올랐는데 바로 조선업종이었습니다. 2004년부터 조선업종이 슈퍼사이클을 맞았는데, 그 이유는 통상적인 상선 발주에 더해 중국 경제의 성장으로 원자재 수요가 급증하면서 이를 운송하기 위한 선박 건조가 급격히 늘어났기 때문입니다.

당시 주식시장에서 손에 꼽혔던 종목 중 단연 1위는 현대중

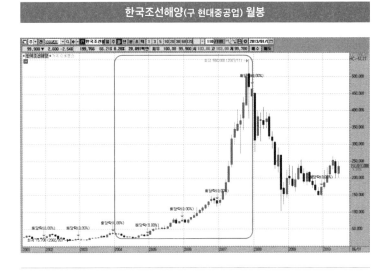

한국조선해양(구 현대중공업) 월봉

공업(현재 한국조선해양)이었습니다. 현대중공업은 2004년부터 금융위기가 발발한 2007년까지 무려 1,485%의 상승률을 보였습니다. 당시 현대중공업의 주가 동향은 왼쪽 아래와 같았습니다.

적립식펀드 열풍이 지나간 이후 글로벌 금융시장은 미국발 금융위기와 유럽발 재정위기로 기나긴 경기침체에 들어갔습니다. 10년 정도 이어진 지루한 정체 상태에서 벗어나 새롭게 텐배거 종목이 대거 탄생한 것은 바로 코로나 팬데믹으로 급락했던 주식시장이 시세를 회복하며 동학개미운동이 벌어지면서부터였습니다. 그렇다면 텐배거 종목은 어떤 상황에서 나타나는지 알아보겠습니다.

2장

텐배거 종목은
이런 상황에서 나타난다

01

콘트라티에프 파동에 따라
텐배거 종목이 나타난다

텐배거 종목은 경기변동과 밀접한 관련이 있고 중요한 기술 혁신의 변곡점에서 나타나는 경우가 많습니다. 그래서 경기변동에 대해 먼저 이해하는 것이 좋습니다. 이를 바탕으로 텐배거 종목을 찾을 수 있기 때문이죠.

경기변동의 종류

① 콘트라티에프 파동Kondratiev Wave

콘트라티에프 파동이란 경기변동 중에서 장기에 걸쳐 나타나는 파동입니다. 이 파동은 러시아 경제학자 콘트라티에프가 1925년 논문에 근거해서 발표한 것으로, 50~60년에 걸친 장기 파동입니다. '창조적 파괴'로 유명한 경제학자인 조지프 슘페터 Joseph Schumpeter는 콘트라티에프 파동에 대해 산업혁명기를 거쳐 증기기관 및 철도의 발전, 철강생산의 확대기, 전력과 화학 그리고 자동차산업의 발전기와 같이 일련의 기술혁신과 이에 따른 투자 확대와 관련 있다고 설명했습니다. 그리고 콘트라티에프 파동을 일으키는 중요한 요인으로 전쟁 그리고 신 에너지원의 출현도 있습니다.

과거 콘트라티에프 파동의 진행 과정을 살펴보면 다음과 같습니다.

제1파동(1770년대 말~1830년대) : 산업혁명기(증기기관, 방적기의 발명)
제2파동(1840년대 말~1890년대) : 철강, 철도산업의 발전
제3파동(1890년대 초~1930년대) : 자동차, 전기, 화학공업의 발전
제4파동(1940년대~1980년대) : 전자, 석유화학, 항공산업의 발전
제5파동(1990년대~현재) : 정보통신, 신소재, 생명공학 등의 발전

그런데 여기서 한 가지 고민해봐야 할 점이 있습니다. 과거에는 기술의 발전 속도가 빠르지 않았기 때문에 하나의 기술혁신이 나오면 긴 시간을 두고 새로운 기술이 나타나 콘트라티에프

파동이 비교적 단순했습니다. 하지만 최근에는 기술혁신의 속도가 매우 빨라서 서로 다른 분야에서 콘트라티에프 파동이 나타날 수 있습니다. 이 말은 주식시장에서 텐배거 종목이 더 많이 나올 수 있다는 뜻입니다.

② 주글라 파동Juglar Wave

주글라 파동은 6~10년 정도의 주기로 주로 기업의 설비투자의 변동으로 일어나는 파동입니다. '설비순환'이라고도 하는 주글라 파동은 경제학자 클레멘트 주글라Clement Juglar가 발견했습니다. 그는 영국, 프랑스, 미국의 주기적인 경기침체를 규명하기 위해 1803년부터 1882년 사이의 가격, 이자율, 중앙은행 잔고 등의 자료를 분석해서 호황, 침체, 파산 등 3단계의 현상이 반복되는 것을 알아냈습니다.

③ 키친 파동Kitchin Wave

키친 파동은 미국의 조셉 키친Joeseph Kitchin이 발견한 단기파동으로, 평균 40개월을 1주기로 하는 경기변동입니다. 키친 파동의 원인은 도매 물가와 이자율의 변동입니다. 즉 통화정책의 변동이 단기파동을 일으킨다는 것입니다.

참고로 우리나라 증권회사에서 발간되는 대부분의 리포트는 단기파동인 키친 파동을 근거로 작성되고 있습니다. 그래서 장기파동인 콘트라티에프 파동을 이해하기 위해서는 미래사회에 대한 서적이나 새로운 기술을 설명하는 서적을 읽음으로써 종목을 찾아낼 수 있습니다.

장기파동을 알고 복리효과를 알면 종목이 보인다

장기파동은 긴 시간을 두고 그 효과가 나타납니다. 그래서 장기파동을 따라 투자할 때는 복리효과를 제대로 이해하고 있어야 합니다. 이자를 지급할 때 단리單利로 지급하는 것은 원금에 대해서만 이자를 지급하는 것을 말하고, 복리複利로 지급하는 것은 원금과 이자에 대해 이자를 지급하는 것을 말합니다. 일반적으로 투자할 때는 복리효과를 극대화하는 방향으로 투자해야 합니다.

복리투자를 이해하기 좋은 예가 있습니다. 1626년 아메리카 대륙의 원주민들은 지금 월스트리트가 있는 뉴욕 맨해튼을 24달러에 미국인들에게 팔았습니다. 과거 400년 동안 미국의 평균 금리는 8% 정도였습니다. 약 400년 기간 동안 8%로 복리투자를 했다면 당시 24달러는 현재 약 1천 조 달러가 되어 있을 겁니다. 이 정도 돈이면 지금 초고층 건물이 올라간 맨해튼을 몇 개를 사고도 남을 정도의 돈입니다.

　복리효과를 좀 더 쉽게 이해하기 위해서는 '72법칙'을 이용할 수 있습니다. 72법칙이란 '72÷복리이자율'을 해서 나오는 값이 내 돈이 두 배 되는 데 걸리는 기간과 같다는 법칙입니다. 예를 들어 10%의 복리이자율을 거둔다면 72÷10=7.2년으로, 7년 조금 더 있으면 현재의 돈이 두 배가 된다는 겁니다. 예를 들어 1억 원을 가지고 10%의 이자율로 투자를 하면 7년이 지나면 2억 원이 되고, 또 7년이 지나면 4억 원, 8억 원, 16억 원, 32억 원…. 이렇게 늘어나는 것이 72법칙으로 보는 복리효과입니다. 더 높은 이자율로 보다 장기간에 걸쳐 투자를 하면 복리효과가 극대화되는 겁니다.

　장기파동, 즉 콘트라티에프 파동을 이용해 투자할 때 파동을 일으키는 요인이 신기술이라면, 가장 장기간에 걸쳐 수혜를 받는 종목을 사서 묻어놓으면 텐배거뿐 아니라 100배가 넘는 수익률도 가능하게 됩니다. 그래서 장기파동과 복리효과는 떼려야 뗄 수 없는 사이입니다.

02

경기순환기에 텐배거 종목이
나타난다

경기순환에 대한 이해

'경기가 순환한다'고 하는 것은 경제의 장기성장추세를 중심으로 끊임없이 경기가 상승과 하강을 반복하는 것을 뜻합니다. 경제활동이 활발해 경기가 상승하면 마침내 정점에 도달하게 되고, 이후에는 경제활동이 둔화해 경기가 하락하다가 저점에 이르면 다시 반등하는 과정을 반복하는데, 이를 경기순환Business Cycle이라고 합니다. 이때 경기의 저점에서 다음 저점 또는 경기의 고점에서 다음 고점까지의 기간을 경기의 '주기Cycle'라고 하고, 저점에서 정점 또는 정점에서 저점까지의 높이를 '진

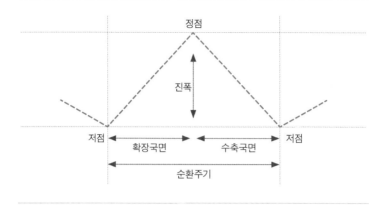

경기순환 과정

정점

진폭

저점

저점

확장국면

수축국면

순환주기

폭'이라고 합니다.

경기의 순환 과정은 2단계로 구분합니다. 저점에서 정점까지를 '확장국면'이라고 하고, 정점에서 저점까지를 '수축국면'이라고 합니다. 또한 이것을 회복기, 호황기, 후퇴기, 침체기 등으로 세분하기도 합니다. 이를 그림을 통해 살펴보면 위와 같습니다.

일반적으로 우리나라 주식시장에서 주식투자자들이 관심을 갖는 것은 단기파동입니다. 그런데 경기가 순환하는 과정에서 몇 가지 특징적인 사실이 나타나게 됩니다.

첫째, 경기순환은 그 순환과정의 주기와 진폭이 다르고, 한 주기 내에서도 확장기와 수축기의 길이가 다르게 나타납니다. 즉 모든 경기순환 국면은 독특한 형태를 보인다는 겁니다.

둘째, 경기순환은 다양한 경제활동을 종합적으로 판단하는 것으로, 개별 경제지표의 움직임과 경기순환이 다를 수 있습니다. 따라서 특정 경기지표에 의존해 경기 흐름을 판단할 경우 오류를 범할 가능성이 있습니다.

셋째, 개별 경제활동은 동시에 동일한 방향으로 변동하는 것이 아니라 시차를 두고 변동하는 경우가 있습니다. 따라서 경기에 선행하는 지표, 동행하는 지표, 후행하는 지표가 있으므로 경기지표마다 시차를 고려해서 판단해야 합니다.

넷째, 경기가 확장에서 수축으로, 또 수축에서 확장으로 반전하게 되면 누적적으로 확대 또는 축소하는 경향을 보입니다. 경제활동은 결국 사람이 하는 것이므로, 경기가 좋아지고 나빠지는 과정에서 사람들의 심리가 작용하면 경기회복 초기에는 일부분에 제한적으로 영향을 주던 것이 시간이 흐를수록 그 파급 정도가 커져 경기 흐름이 한층 가속화하는 경우가 발생합니다.

그렇다면 경기가 순환하는 과정에서 주식투자자는 어떤 국면에 주목해야 할까요?

① **경기침체기** 경기 수축국면을 벗어나기 위해 통화당국이 통화의 공급을 확대하는 등 각종 경기부양 조치를 취하게 되고, 그 결과로 금리는 하락하게 됩니다. 금리가 하락하는 이유는 경기가 침체를 보이는 상황에서는 일반적으로 물가가 안정

되어 있고, 기업에서는 자금 수요가 별로 없는 가운데 통화의 공급이 늘어나기 때문입니다. 이때 주가는 상승세로 전환하는 모습을 보입니다. 주가가 상승하는 이유는 통화당국의 경기부양 조치에 따라 경기가 조만간 회복되어 기업의 수익성이 좋아질 것이라는 기대가 작용하기 때문입니다.

② **경기회복기** 경기부양 조치 결과 경기가 서서히 회복되는 기간입니다. 이때 금리는 서서히 상승하는 모습을 보이는데, 그 이유는 기업의 설비투자 등을 위해 자금 수요가 증가하기 때문입니다. 이때는 금리가 상승하지만 기업의 수익이 더 빨리 증가하여 기업의 수익성이 유지되기 때문에 주가의 상승세도 이어집니다.

③ **경기활황기** 경기 과열로 인플레이션이 발생할 가능성이 커집니다. 이를 우려한 통화당국에서는 통화량 조절과 금리 인상과 같은 금융긴축 정책을 실시합니다. 이때 금리가 급등하게 되는데, 그 이유는 물가 불안으로 기대인플레이션이 높아지고, 설비투자 및 재고투자를 늘린 탓으로 기업의 자금 수요가 더욱 증가하기 때문입니다. 이때는 매출의 증가에도 불구하고 이자비용이 늘어남에 따라 기업의 수익성이 감소하고 주가는 하락하게 됩니다.

④ **경기후퇴기** 경기가 정점을 지나 수축하는 기간입니다. 이 기간에는 인플레이션이 완화되고, 기업이 공장 가동을 줄이고 재고를 축소함에 따라 자금 수요가 감소하여 금리는 떨어지게 되나 여전히 높은 수준을 유지하게 됩니다. 매출의 감소와 이자 비용 지출로 인해 기업 수익이 크게 축소됨에 따라 주가 하락이 이어지게 됩니다.

경기침체기 바겐헌팅Bargain Hunting

주식은 경제 상황을 반영합니다. 경제 상황은 경기가 순환하는 과정에서 따라 변합니다. 경기순환은 하나의 주기 속에서 회복기, 활황기, 쇠퇴기, 침체기를 거치는 과정을 말합니다. 경기순환을 이용해서 텐배거 종목을 탐색하기 위해서는 경기침체기와 경기회복기를 노려야 합니다. 경기침체기에는 위험자산인 주식의 가격이 떨어져 바닥권에 있게 됩니다. 그리고 이때 주식시장에는 장기간 거래량이 극도로 감소하는 수급 부진이 나타납니다. 돈을 가진 사람들이 바겐헌팅, 즉 기업 가치에 비해 주가가 지나치게 떨어진 주식을 사는 저가 매수 전략을 취할 수 있는 시기입니다.

경기회복기에 유동성이 몰리면 주가는 폭등한다

경기침체기를 지나 경기가 회복되는 국면이 오면 통화당국에서 금리를 내리고 완화적인 통화정책을 쓰게 됩니다. 그러면 금리상품에 묶여 있던 돈이 주식시장으로 이동하고, 그 과정에서 주식시장에 돈이 넘쳐나는 현상이 나타납니다. 바로 이때 텐배거 종목이 나타납니다.

경기회복이 시작되면 생산과 소비가 늘어나는 과정에서 물동량이 증가하는 현상부터 나타납니다. 그리고 경기회복을 위해 필요한 제품인 소재업종이 활기를 띱니다. 그 물건을 옮기는 것은 운송업종이고, 운송에는 해상운송, 육상운송, 항공운송이 있으니 이들 업종에 속한 종목들이 큰 수혜를 받을 가능성이 큽니다.

또한 대표적인 소재업종인 석유화학업종과 철강업종 그리고 IT산업의 반도체 등에 대한 수요가 증가하므로 이들 업종에서도 텐배거 종목이 나타날 가능성이 큽니다. 경기회복기에는 주식시장에 유동성이 몰리면서 그동안 침체했던 주가가 폭발적으로 상승하는 모습을 보인다는 것을 알고 있어야 합니다.

03

유동성이 몰리는 상황에서
텐배거 종목이 나타난다

1980년대부터 글로벌 경제운용은 신자유주의에 밑바탕을 두고 시작했습니다. 신자유주의는 쉽게 말하면 '기업 근본주의'라고 볼 수 있습니다. 기업의 성장을 통해 소위 낙수효과Trickle down을 노리는 겁니다. 즉, 기업이 수익을 많이 내면 고용을 늘리게 되고, 취업한 종업원의 소득이 늘어나면 그 돈으로 소비를 증가시켜 경제가 잘 돌아가게 만든다는 겁니다. 그래서 기업활동에 저해가 되는 요소들은 모두 제거해주는 것이 신자유주의 경제철학입니다.

신자유주의 경제철학을 실현하기 위해서는 몇 가지 추진 방법이 있습니다. ① 민영화 ② 규제완화 ③ 예산축소 ④ 부채를 이용한 성장 등입니다.

사실 신자유주의를 주장했던 사람들이 기대했던 낙수효과는 일어나지 않았습니다. 기업들은 막대한 이익을 거뒀지만, 고용의 질이 떨어져 저임금 일자리가 늘어났을 뿐 아니라 기업이 막대한 자금을 바탕으로 자동화를 추진하는 과정에서 오히려 일자리가 줄어드는 모습을 보였습니다.

이렇게 노동자들의 생활이 팍팍해지면서 불만이 노출되자 각국 정부는 금리를 내리고 빚을 쉽게 낼 수 있는 상황을 만들어 유동성 버블을 만들어냈습니다. 그래서 줄어든 근로소득 대신 부동산이나 주식 가격의 상승과 같은 '부의 효과Wealth effect'를 통해 사람들의 불만을 달랬습니다. 그래서 1980년대 이후 글로벌 경제에서 부채가 급증하고 부동산이나 주식 가격이 급등하는 현상이 나타났습니다.

우리나라는 1997년 외환위기 이후 신자유주의가 들어와 그때부터 가계부채를 중심으로 빚이 증가하면서 유동성 잔치가 주기적으로 발생했습니다. 이렇게 유동성이 몰릴 때 주가가 급등하는 모습을 보입니다.

바이코리아Buy Korea 열풍과 코스닥 버블

바이코리아 열풍은 1999년 3월 현대증권과 현대투신운용에서 '바이코리아 펀드'를 선보이면서 시작됐습니다. IMF 외환위기로 종합주가지수가 900포인트대에서 277포인트까지 떨어지면서 바닥을 보인 후 경기가 간신히 한숨 돌리면서 주가가 반등하기 시작했습니다.

주가가 오르는 국면에서 애국심을 자극하는 '우리 기업의 주식을 사자'는 것이 바이코리아 열풍을 일으킨 요인이었습니다. 당시 판매됐던 펀드들 중 정보기술(IT) 펀드, 높은 수익률을 추구하는 하이일드 펀드 그리고 IT 붐과 함께 시장이 커지기 시작한 코스닥 펀드 등의 인기가 높았습니다.

이런 펀드는 예금금리에 만족하지 못한 개인투자자의 눈을 사로잡으면서 출시 넉 달 만에 판매액 10조 원을 돌파했습니다. 1998년 말 우리 주식시장의 전체 시가총액이 약 140조 원 정도였으니 펀드로 들어온 자금만 시가총액의 7% 정도였죠. 엄청난 유동성이 주식시장으로 흘러들었던 겁니다. 이때 나타난 현상이 바로 '닷컴버블'이라고 불리는 코스닥 버블이었습니다.

당시 전 세계적으로 닷컴버블이 일어났지만 우리나라의 경우에는 IMF 이후 정부에서 코스닥 시장과 중소기업 위주의 벤처기업 육성정책을 발표하면서 급하게 달아올랐습니다. 코스닥

시장의 급등에는 바이코리아 열풍도 있었지만 미래에셋의 박현주 펀드도 한몫했습니다.

당시 주식시장이 얼마나 크게 올랐는지를 살펴보면, 코스피 지수는 1998년 최저점 277포인트에서 1,059포인트로 약 2.8배 상승했고 코스닥 지수는 최저점 60포인트에서 281포인트까지 약 3.7배 상승했습니다. 만 2년이 안 되는 단기간에 이처럼 크게 상승한 겁니다.

당시 코스닥 시장은 소위 '작전'의 온상이었습니다. 코스닥 시장에서 대장주로 불리던 골드뱅크, 장미디어, 드림라인, 하우리, 로커스 등이 상장폐지되었고 새롬기술(현재 솔본), 다음커뮤니케이션(현재 카카오), 한글과 컴퓨터, 다우기술 등이 주식시장을 주도했죠.

적립식펀드 열풍과 조선, 철강, 화학주 버블

IMF 외환위기 이후 우리 사회에 유입된 신자유주의 열풍은 경제·사회적으로 큰 상처를 남겼습니다. 기업들은 정년보장을 폐지하고 퇴직금을 중간정산하면서 누진제를 없앴습니다. 그전에는 직장인들은 큰 문제가 없으면 정년까지 일하고 퇴직할 때 누진제를 적용한 퇴직금을 받아서 적어도 노후 걱정은 없었습니다. 그런데 졸지에 정년전에 퇴직하는 일이 벌어졌고 엎친 데 덮친 격으로 퇴직금마저 중간정산 받게 되었으니 노후가 막막해지는 상황이 벌어진 겁니다.

아이러니하게도 이때부터 '부자 되기 열풍'이 불었습니다. 2002년 하반기에 한 카드회사 광고에서 "여러분 부자되세요~ 꼭이요~"라고 말했는데, 그 말이 그 시대를 상징했다고 볼 수 있습니다.

이후 우리 주식시장에 부자가 되기 위한 투자법으로 적립식펀드가 소개되면서 엄청난 열풍이 불었습니다. 초등학생들에게도 경제를 가르치는 광풍이 불던 시기였습니다. 적립식펀드란 '평균투자법Dollar cost average'으로 적금을 들듯이 매월 같은 금액으로 펀드를 사는 투자법을 말합니다.

적립식펀드 열풍이 본격적으로 몰아친 것은 2005년부터였습니다. 코스닥 버블붕괴 이후 개별 종목 투자에 대한 상처가 깊었던 탓에 전문가들이 운용해주는 펀드를 이용해야 성공확률이 크다는 인식의 확산, 그리고 노후를 겨냥한 장기투자에 대한 욕구 때문에 투자자들이 펀드시장으로 몰렸습니다.

2003년 말 360만 개였던 펀드 계좌수가 2004년 488만 개, 2005년 말 1,000만 계좌에 달했고, 주식형 펀드 수탁고는 2004년 말 8조 원대에서 2005년 말 약 25조 원대로 늘었습니다. 엄청난 유동성이 주식시장으로 들어왔고, 중국의 경제성장과 더불어 극적인 수혜를 받으며 주식시장을 주도했던 조선, 철강, 화학업종에서 텐배거 종목이 등장했습니다.

동학개미운동과 바이오, 배터리
그리고 언택트 기업 버블

적립식펀드 열풍은 2007년 미국발 금융위기로 잦아들었고 주식시장은 찬바람이 부는 시간을 견뎌야 했습니다. 2009년에 들어서 미국의 양적완화 등에 힘입어 다시 힘차게 반등했지만 이내 유럽발 재정위기가 터지면서 긴 조정의 터널을 거쳐야 했습니다.

그러던 중 전 세계를 덮친 것이 바로 '코로나19 사태'입니다. WHO(국제보건기구)에서 2020년 3월 코로나 팬데믹을 선언하면서 주가가 급락했지만 '주가가 급락하면 투자 기회가 온다'는 학습효과가 나타나면서 돈이 움직이기 시작했습니다. 동학개미운동이 나타난 겁니다.

우리 언론에는 '영끌', '마통', '줍줍', '떡상' 등 도저히 기자들이 쓴 언어라고 볼 수 없는 단어들이 등장했습니다. 예금, 적금에 들어 있던 자금은 물론이고 부동산 대기 자금까지 주식시장으로 몰려들면서 개인들로 인해 유입된 자금이 65조 원에 이르렀습니다. 이러한 유동성 잔치는 비단 주식시장에만 머문 것이 아닙니다. 암호화폐 시장에도 '김치 프리미엄'이 있을 정도로 돈이 넘쳐흘렀습니다.

2020년 3월 19일 저점 대비 8월 18일까지 동학개미운동이 한창이던 시기에 상승률이 높은 업종은 팬데믹의 가장 큰 수혜를 본 제약바이오업종이었습니다. 그 밖에 2차전지와 비대면 근무 확장으로 언택트 관련주들이 급상승하는 모습을 보였습니다. 같은 기간 가장 큰 상승을 보인 종목들은 코로나치료제의 신풍제약(1,163%), 수소전지관련주인 두산퓨얼셀(813%), SK케미칼(568%) 등이었고, 그 밖에 한화솔루션, LG화학, SKC, 카카오 등도 시장을 주도했습니다. 물론 진단키트와 관련된 씨젠 그리고 해상운송주인 HMM 등도 상승대열 맨 앞줄에 섰던 종목들입니다.

유동성이 강하게 들어오는 시장에는 대체로 성장주들의 상승세가 나타납니다. 이들 종목의 특징은 향후 사업 성공의 기대감으로 인해, 당장은 실적이 나오지 않아도 성장성이 부각되면서 PER이 높게는 50배~100배 이상까지 올라가는 현상이 나타난다는 겁니다.

사실 이런 일은 이론적으로는 설명이 어렵지만 시장은 그 현상을 그대로 받아들여 주가 상승으로 이어집니다. 문제는 유동성 공급이 끊겼을 때 실적이 받쳐주지 못하면 주가는 다시 제자리로 돌아온다는 겁니다. 따라서 유동성 잔치가 벌어지면 PER이나 PBR 등이 높은 고밸류High-value 종목의 상승이 나타난다는 것도 기억해야 합니다.

04

기업이 완전히 턴어라운드 할 때
텐배거 종목이 나타난다

턴어라운드와 GM의 사례

턴어라운드는 극도로 부진했던 실적을 회복하거나 극적으로 기업이 회생하는 것을 의미합니다. 그런데 실제로는 완전히 턴어라운드에 성공할 가능성은 매우 낮아 사례를 찾는 것이 쉬운 일은 아닙니다. 경영전략 분야 전문가들의 연구에 의하면 우리나라나 일본 기업의 턴어라운드 성공률은 5~7% 수준에 불과하다고 합니다.

해외사례 중 턴어라운드에 성공한 기업으로 자동차기업인 GM이 있습니다. GM은 1908년에 설립돼 100년 이상의 전통을 가지고 있는 미국의 대표기업입니다. GM은 1960년대와 1970년대 세계시장 점유율이 30%대에 달했고 1970년대 말에는 미국 내 노동자 수가 61만 명에 이르는 등 미국에서 가장 많은 일자리를 만드는 기업이었습니다. 그러나 1980년대 들어 일본 자동차업체의 부상과 GM의 안일한 대응 등이 겹쳐 쇠락의 길을 걸었습니다. 결국 계속되는 경영난을 이기지 못하고 2009년 6월 파산보호 신청을 하기에 이르렀습니다.

결국 GM의 추락 원인은 매출 감소와 고비용 구조에 따른 유동성 위기였습니다. GM의 경영진은 미국 시장만을 고려한 중대형차 위주의 제품 포트폴리오를 변화시키려 하지 않았고, 자동차 생산방식 혁신에도 실패했습니다. 회사는 수익이 나지 않는다는 이유를 들어 소형차 시장에 진출을 꺼렸고, 경쟁사인 일본 도요타와 비교해 생산성과 품질에서 밀리는데도 생산방식의 혁신에는 관심을 두지 않았던 겁니다. 또한 노조는 과도한 임금과 복지비용을 요구하며 경영진을 압박했는데, 금융위기 이전 GM의 시간당 임금은 미국 제조업 평균의 두 배를 넘었고, 직원에 대한 의료복지비도 경쟁사인 도요타에 비해 8배가량 많았다고 합니다. 과거로부터 이어진 노사의 바람직하지 못한 유산으로 인해 파산하게 된 겁니다.

GM은 파산보호 신청 이후 뼈를 깎는 정상화 작업에 돌입해서 2011년에 7분기 연속 흑자를 기록하고 글로벌 판매 1위 자리를 탈환하는 등 경영정상화에 성공했습니다. GM의 경영정상화 전략은 유럽사업 철수, 자율주행업체 크루즈Cruise 인수, 내연기관 중심의 자동차 사업에서 친환경 전동화 플랫폼 전환, 마이크로소프트와 파트너십 체결, 배터리업체 얼티엄Ultium 창립 등을 통해 가능했습니다. 물론 그사이 실직의 공포에 내몰린 직원들도 노조를 중심으로 고비용 구조를 개선해 회사를 살리는 데 동의했기에 가능했던 일이기도 합니다. GM의 파산보호 신청과 재상장 이후 주가 흐름은 아래와 같았습니다.

GM의 사례는 극적으로 성공한 사례임에 틀림없습니다. 그러나 이런 사례는 국내외에서 찾아보기 어려운 사례라는 점을 다시 한번 강조합니다.

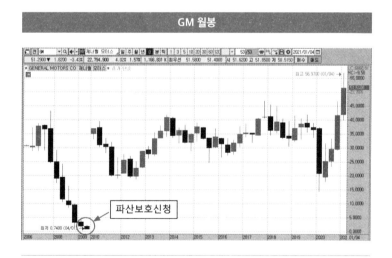

GM 월봉

환골탈태하는 기업을 찾아라

환골탈태換骨奪胎란 '용모가 훤하게 트이고 아름다워져 전혀 딴 사람처럼 되는 것'을 말합니다. 이 단어야말로 턴어라운드를 잘 설명하는 말입니다. 환골탈태한 기업 중 대표적인 기업으로 일본의 후지필름이 있습니다.

후지필름은 대표적인 카메라 필름회사로 과거 코닥과 함께 전 세계 카메라 필름 시장을 양분한 기업이었습니다. 2000년 기준 후지필름의 컬러필름 등 사진감광 재료 매출이 전사 매출의 60%와 이익의 70%에 이를 정도였습니다.

그러나 디지털카메라의 출현으로 필름 시장은 이후 매년 20~30%씩 줄어들어 적자사업으로 전환했고 10년 만에 필름 부문의 매출은 2000년의 10% 이하 수준 정도로 급감했습니다. 후지필름의 주력사업이 불과 10년 사이에 사실상 사라져버린 것입니다.

후지필름은 2004년 2월 '비전 75'를 발표하며, 본격적인 사업구조조정에 나섰습니다. 2006년 1월 전 세계 사진 분야 인력 15,000명 중 5,000명을 감원하는 구조조정을 단행했지만, 구조적으로 매출이 감소하는 상황에서 구조조정만으로 위기를 해결해나가는 것은 불가능했습니다.

후지필름은 위기 극복의 돌파구로 필름사업을 대체할 새로운 사업을 발굴해야 했습니다. 새로운 사업은 후지필름이 잘할 수 있으면서도, 후지필름이 장기적으로 성장할 수 있는 충분한 규모를 갖춰야 했습니다. 후지필름은 기존 사업에서의 경쟁우위를 파악해 후지필름의 노하우와 시너지를 낼 수 있는 새로운 사업 분야를 발굴했고, 그 과정에서 부족한 기술과 시간은 과감하게 M&A(인수합병)했습니다.

이 과정에서 회사가 찾아낸 새로운 사업은 ① 디지털 이미징 (디지털카메라, 렌즈, 화상센서, 화상처리기술 등), ② 광학디바이스 (TV렌즈, 감시카메라용 렌즈, 스마트폰 렌즈), ③ 고기능 재료(편광판, 보호필름 등) ④ 디지털 인쇄, ⑤ 문서솔루션(사무용 복합기, 복합기, 프린터, 관련업무 솔루션 등), ⑥ 메디칼 라이프 사이언스 등 6가지였습니다. 이 중 고기능 재료와 메디컬 라이프사이언스는 지금 후지필름 3대 사업부 중 가장 중요한 헬스케어 및 재료솔루션 사업의 기반이 되었습니다.

후지필름은 구조조정을 통해 현재 이미징 솔루션, 문서 솔루션, 헬스케어 및 재료솔루션 등 3개 사업부로 개편되었습니다. 2020년도 사업보고서상 매출액은 헬스케어와 재료솔루션 사업부가 가장 많고, 영업이익 기준으로는 문서 솔루션이 가장 많을 정도로 기업의 사업구조가 변했습니다. 현재 주식시장에 상장된 후지필름홀딩스의 주가 추이를 보면 사업구조 개편의 성공을 확인할 수 있습니다.

3장

콘트라리에프 파동과
텐배거 종목

TEN BAGGER

　콘트라티에프 파동은 장기파동으로, 새로운 기술의 출현을 기반으로 합니다. 우리 삶을 바꾼 기술들이 본격적으로 사용되는 과정에서 그 수혜를 받은 기업들의 주가를 살펴보면 앞으로 어떤 종목이 텐배거가 될 것인지 가늠해볼 수 있습니다. 텐배거는 우리 삶의 패턴을 확실히 바꾸는 기술을 기반으로 하기 때문에 신기술의 출현과 사용 정도에 대해 꾸준한 관심을 기울여야 합니다.

01

반도체 혁명과
텐배거 종목

반도체의 출현은 정보통신산업을 혁명적으로 바꿔놓은 사건이었습니다. 이를 바탕으로 인류는 엄청난 양의 계산이 가능해졌고 개인용 PC가 일반화되면서 '3차 산업혁명'이라 불리는 정보통신혁명이 집마다 파고들어 개인들의 작업 능력도 눈부시게 발전했습니다.

반도체 시장은 1980년대까지만 해도 미국과 일본이 선두그룹이었습니다. 당시 우리나라의 반도체 산업은 그 존재감이 미미할 정도였습니다. 그러나 30년이 지난 지금 우리나라는 삼성전자와 SK하이닉스를 주축으로 메모리 반도체 선두그룹으로 발돋움했습니다.

글로벌 반도체 시장은 PC, 모바일, 서버 등 IT 기기 발달과 함께 시장규모도 지속적으로 확대해왔으며, 최근 4차 산업혁명의 본격화로 AI(인공지능), IoT(사물인터넷), 자율주행차 등의 발달과 함께 시장규모의 지속적인 확대가 전망됩니다. 한국 반도체산업은 생산·수출·투자 등 한국 경제성장을 견인하고 있는 대표 산업으로 2020년 기준 우리나라 전체 수출 중 19.4%를 차지하고 있고, 설비투자의 45%를 차지하고 있으며, 2019년 기준 제조업 생산의 9.6%를 차지하고 있습니다.

또한 세계시장에서 한국의 반도체는 2013년부터 세계 반도체 시장점유율 2위를 유지하고 있으며, 메모리반도체 분야는 압도적인 기술 경쟁력을 바탕으로 2001년에 일본을, 2002년에 미국마저 추월해 1위에 등극한 후 현재까지 유지되고 있습니다.

한국 반도체의 황제 삼성전자

우리나라 주식시장에서 삼성전자만큼 엄청난 수익률을 보인 주식은 없습니다. 삼성전자의 성장은 반도체시장의 성장과 궤를 같이합니다. 삼성전자 반도체 부문의 성장 과정을 간단히 살펴보겠습니다.

반도체업은 크게 D램·낸드플래시로 구성된 메모리반도체와 그 이외 종류의 반도체를 모두 아우르는 시스템반도체로 구성됩니다. 그 비중이 약 3대 7 수준입니다. 시장으로 치면 시스템반도체 시장규모가 더 컸지만, 삼성전자는 당시 사업 실정에 맞는다고 판단한 D램 분야에 우선 집중하기로 했습니다. 잘할 수 있는 한 가지에 집중한 뒤 낸드플래시, 시스템반도체 등의 분야로 영역을 넓혀나가자는 취지였습니다.

그 결과 삼성전자는 PC 성장기인 1990년대~2000년대까지 PC 종속 사업으로 여겨졌던 D램 부문에서 큰 결실을 거뒀고 2000년 이후 모바일 시기를 맞아 낸드플래시가 캐시카우Cash cow로 급부상했습니다. 삼성전자는 메모리반도체에서의 성공 경험을 바탕으로 시스템반도체에 대한 투자를 지속하고 있으며, 자체 모바일 AP(어플리케이션 프로세서) '엑시노스' 시리즈를 내놓는 등 성과도 창출하고 있습니다. 최근 4차 산업혁명을 맞이해 기업의 데이터센터 등에서 메모리반도체 수요가 급증하면서 기존 메모리반도체에 대규모 투자했던 전략이 여전히 유효하다는 것도 보여주고 있습니다.

삼성전자는 이런 반도체의 성장과 더불어, 반도체가 부진할 때는 모바일 기기의 성장을 바탕으로 꾸준한 주가 상승을 보였습니다. 지금 우리나라뿐 아니라 전 세계에 삼성전자의 반도체와 모바일 기기 그리고 가전제품이 들어가지 않은 나라는 없을 겁니다.

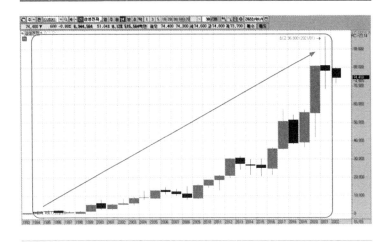

삼성전자는 IMF 외환위기를 거치면서 급성장하는 모습을 보입니다. 1998년부터 2021년까지 그 상승률이 14,700%로, 무려 140배에 이르는 상승률입니다. 진정한 황제주의 모습입니다.

반도체 장비주와 소재주

미국의 서부 개척은 골드러시와 관련이 있습니다. 1848년 1월 24일 미국 캘리포니아에서 사금이 발견되자 이듬해 약 10만 명이 미국 서부 해안으로 몰려들었습니다. 그런데 이때 돈을 번 사람들은 직접 금을 캔 광부들이 아니라 땅을 파는 데 필요한 튼튼한 작업복과 작업 공구들을 판매한 사람들이었습니다. 레비 스트라우스는 '찢어지면 무조건 환불해준다'라는 구호 아래 광부들에게 청바지를 선보였는데, 그게 날개 돋친 듯이 팔려나갔습니다. 이것이 오늘날 청바지의 대명사가 된 리바이스의 기원입니다. 금을 발견한 소수의 광부를 제외하고는 이렇게 작업복을 팔거나 곡괭이, 삽, 광석을 고르는 데 사용되는 냄비 등을 판매했던 광산 채굴 장비 판매업자들이 호황을 누렸습니다. 이처럼 비즈니스 모델의 기본 요소를 잘 파악해 산업 간 연결고리를 발견하면 새로운 사업 기회를 포착할 수 있습니다.

반도체 시장의 지속적인 발전은 그와 연관된 반도체 장비와 반도체 소재 관련주에도 큰 호재로 작용합니다. 여기에서 많은 텐배거 종목이 나타나는데 몇 종목을 살펴보겠습니다.

① 고영

고영테크놀러지는 3D 납도포 검사장비SPI와 3D 부품 실장검사장비AOI 분야에서 압도적인 글로벌 1위 자리를 지키고 있으며, 회사 매출 대부분이 여기서 발생합니다. 납도포 검사 장비의 글로벌 시장 점유율은 50%에 육박합니다. 고영테크놀러지는 주요 매출이 발생하는 핵심 제품 외에도 다양한 검사장비와 의료용 로봇 사업을 확대하고 있습니다. 고영테크놀러지가 선보

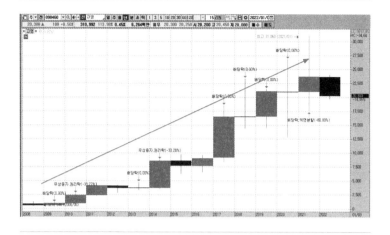

인 반도체 검사 장비 마이스터 디플러스Meister D+는 세계 최초로 반도체 후공정 내 수동 반도체 부품 외관과 표면을 동시에 측정하는 검사 장비입니다.

이 밖에도 고영은 다양한 분야에서 기술력을 발휘하고 있습니다. 반도체 후공정의 핵심기업인 고영의 상장 이후 주가 흐름을 살펴보면 진정한 텐배거의 모습을 알수 있습니다.

② 원익QnC

원익QnC는 반도체 공정용 석영제품인 쿼츠 웨어Quartz Ware의 국내 1위 제조사로 반도체와 LCD용 세라믹스도 생산하고 있습니다.

쿼츠는 가스함유량이 적고 전기전도를 생기게 하는 알칼리 성분을 거의 포함하고 있지 않은 부도체 상태로 '실리카글래스'라고도 부릅니다. 고순도화된 석영유리 섬유는 광흡수가 적고 우수한 도광성을 가지고 있는 광섬유로 중요한 소재이며 반도체에서는 주로 건식 식각Dry Etch과 확산Diffusion 공정에 사용됩니다.

원익QnC는 이 부문 세계 1위 업체로 대만, 독일, 미국에 쿼츠 웨어의 제조와 판매를 위한 현지법인을 종속기업으로 두고 있습니다. 삼성전자, SK하이닉스 등 반도체 업체에 쿼츠 웨어를 납품하거나 현지법인을 통해 해외에서 판매하며, 세라믹과 세정 부문은 삼성전자 LG디스플레이 등으로 납품합니다.

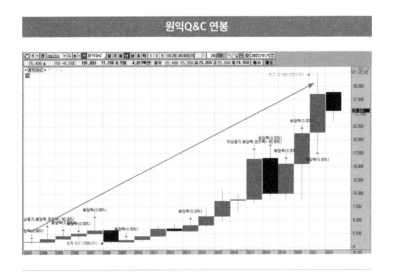

원익Q&C 연봉

반도체 소재 및 부품 기업의 핵심인 원익QnC의 상장 이후 주가 흐름은 왼쪽 아래와 같습니다.

해외 반도체 대표 기업

우리나라가 메모리반도체 부문에서 세계 1위 국가임에는 분명하지만, 그래도 반도체 산업을 얘기할 때 미국 기업을 제외하고 말할 수는 없습니다.

① 마이크론테크놀러지

마이크론테크놀러지는 미국의 메모리 반도체 생산 기업으로 주로 DRAM과 플래시 메모리를 생산하며 이를 B2B(기업 간 거래) 및 B2C(대 소비자거래)로 판매하고 있습니다. 일반 소비자 대상으로는 Crucial이라는 상표로 플래시 메모리가 들어간 메모리 카드 및 SSD를 판매합니다. NAND 플래시 메모리 시장 점유율은 2021년 1분기 기준 5위 기업이며, DRAM 시장 점유율 2021년 1분기 기준 3위 기업입니다. 또한 2007년 메모리 반도체 치킨게임에서 살아남은 후 일본의 유일한 DRAM 반도체 회사인 엘피다 메모리를 2012년 7월 31일 2천억 엔에 인수했습니다.

이 회사는 컴퓨팅과 네트워킹Compute and Networking Business,

스토리지Storage Business, 모바일Mobile Business, 임베디드Embedded Business의 4개 부문으로 운영됩니다. 컴퓨터, 서버, 네트워크 기기, 통신 기기, 가전제품, 仔동차 및 산업용 어플리케이션을 위한 DDR4 및 DDR3 DRAM 제품을 제공하며, 휴대폰, 태블릿, 내장형 컴퓨터, 및 기타 모바일 소비자 장치 애플리케이션을 위한 모바일 저전력 DRAM 제품과 노트북, 데스크탑, 워크스테이션 및 기타 소비자 어플리케이션을 위한 클라이언트 SSDSolid-State Drive 서버 및 스토리지 애플리케이션을 위한 엔터프라이즈 SSD 그리고 3D XPoint 메모리 제품을 제공하고 있습니다.

마이크론테크놀러지는 미국의 금융위기 이후 반도체 시장의 극심한 불황을 견디고 주가를 회복한 대표적인 반도체 기업입니

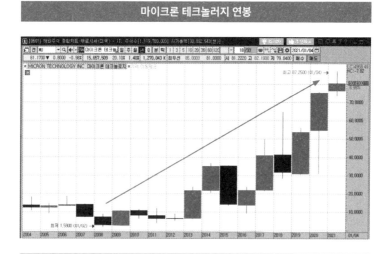

마이크론 테크놀러지 연봉

다. 마이크론테크놀러지의 주가 동향은 왼쪽 아래와 같습니다.

② 엔비디아

엔비디아는 미국의 컴퓨터 GPU(그래픽처리장치) 설계 회사로 독립형 GPU 리테일시장 점유율과 자율주행 자동차 부분 점유율에서 1위를 유지하고 있습니다. 반도체 분야에서 매출로는 세계 10위권을 점하고 있습니다. 동사는 GPU와 그 연산구조를 활용하여 인공지능 컴퓨팅의 학습을 목적으로 반도체 전기회로를 디자인합니다.

본래 창업자 젠슨 황이 게임을 너무 좋아해서 게이머를 위해 GPU를 설계했습니다. 그런데 GPU와 그 연산구조를 활용하여 인공지능 컴퓨팅 학습을 목적으로 반도체 전기회로를 디자인하고 있던 차에 2016년부터 인공지능을 엔비디아의 주 사업으로 확장하게 되었습니다.

엔비디아의 사업 분야는 게이밍 그래픽 카드, 데이터센터(클라우드, AI 및 데이터처리), 프로패셔널 시각화(AR, VR, 그래픽 시각화), 자율주행의 4가지입니다. 특히 자율주행과 관련해서는 엔비디아의 GPU가 반드시 필요해 그와 관련된 기대가 큽니다. 엔비디아의 주가는 2015년부터 급등하는 모습을 보이는데요. 주가 동향은 다음과 같습니다.

반도체는 '산업의 쌀'로 평가받고 있습니다. 반도체가 없으면

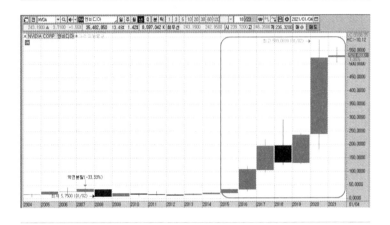

엔비디아 연봉

아무것도 할 수 없는 세상이 된 겁니다. 이렇게 산업에 반드시 필요한 제품을 만드는 회사가 텐배거가 됩니다. 우리는 반도체 완성품을 만드는 기업, 그리고 꼭 필요한 장비와 소재를 만드는 기업을 보면서 텐배거의 탄생 공식을 머릿속에 정리해야 합니다.

02

인터넷 시대의 도래와
텐배거 종목

인터넷은 군사용으로 연구되면서 세상에 알려졌습니다. 1960년대 당시 소련(소비에트연방)과의 냉전을 치르고 있던 미국 입장에서는 핵전쟁에 대비하기 위해 통신회로망의 정비가 최우선 과제였습니다. 즉 미 국방성으로서는 가장 큰 문제가 소련의 대륙간 탄도미사일ICBM이나 폭격기가 절대로 미국 내로 들어와서는 안 된다는 목표를 달성해야 했는데, 이를 위해서는 레이더 기지, 대공포 기지, 요격미사일이나 요격전투기 기지 및 그 관리시스템 사이를 연결해주는 효율적인 통신망의 확보가 무엇보다 급선무였습니다. 더구나 이 통신망은 통신회로의 일부나 기지의 일부가 파괴되어도 제2, 제3, 제4 등의 우회 회로를 통해 살아남은 기지에 정확하게 정보를 전달할 수 있어야만 했습니다. 이런 목적을 달성하기 위해 개발된 것이 ARPANETAdvanced Research Projects Agency Network, 미 국방성의 국방고등연구계획청이 지원한 컴퓨터 네트워크였습니다.

냉전이 끝난 1990년대에 들어와 이 ARPA는 미 국립과학재단NSF의 네트워크NSF NET로 인계되어 대학이나 연구소 사이에서 기술자들이 주로 애용하는 네트워크로 변신했습니다. 이때까지만 해도 인터넷은 특정계층, 즉 군 관계자나 대학교수 또는 연구소 연구원들만 접근 가능한 제한적인 네트워크였습니다.

그러다 1993년 10월 미국 일리노이대학의 학생이었던 마크 앤드리센 등이 PC로도 이용 가능한 모자이크Mosaic를 개발했습니다. 이어 '넷스케이프 네비게이터'나 '인터넷익스플로러' 등의 브라우저Browser를 개발해 공개하면서부터 발전에 시동을 걸었습니다. 1989년에는 스위스 유럽원자핵연구기관CERN의 T. 바나스리가 WWWWorld Wide Web이란 정보표시 시스템을 개발해 인터넷 이용의 폭발적 증가의 전제조건을 만들었습니다. WWW은 인터넷 환경에 하이퍼텍스트Hypertext라 불리는 개념을 도입해 정보를 링크link(연결 또는 이어주는 것)함으로써 세계 여러 곳에 있는 정보를 이것저것 찾아볼 수 있게browse 해주었습니다.

그 이후 인터넷 위에 거미줄web처럼 정보의 망網이 전 세계적

으로 뻗어나갔는데 이 정보는 HTML_{Hyper Text Mark-up Language}
이라 불리는 하이퍼텍스트_{Hyper text} 형태로 표현되며, 문자
뿐만 아니라 음성·영상·동화상 등 모든 정보를 멀티미디어
_{MM=Mulimedia} 형태로 표현할 수 있게 되었습니다.

이처럼 모든 자료를 음성·영상·동화상 등 멀티미디어 형태
로 보기 쉽게 표시할 수 있게 되고, 그것을 손쉽게 찾아 주는
열람 소프트웨어가 개발됨으로써 누구든 전 세계 사람들과 시
간·공간을 초월해 정보를 주고받을 수 있게 된 겁니다. 바로 정
보통신혁명이 나타난 것이죠.

사람들은 인터넷을 통해 각종 정보를 얻고 교환하게 되었습
니다. 인류의 정보처리 능력에 대단한 도약을 만든 인터넷 혁명
과 함께 주식시장에도 새로운 형태의 기업이 나타났습니다. 특
히 인터넷 시대가 열리면서 시장에는 각 분야에 1등이 수익을
독차지하는 '승자독식' 현상이 나타나게 됩니다. 이것이 1등 기
업에 투자하는 분위기가 퍼지는 계기가 되었죠.

인터넷 시대가 가진 또 하나의 특징은 '수확체증의 법칙'이
나타난다는 겁니다. 수확체증의 법칙이란 투입되는 생산요소가
늘어날수록 얻을 수 있는 생산량이 투입량의 몇 배로 증가하는
현상을 말합니다.

수확체증의 사례는 마이크로소프트로 알아볼 수 있습니다.
마이크로소프트는 컴퓨터 운용체계 Window(윈도)를 개발했습

니다. 프로그램 개발비로 5,000만 달러, 우리 돈으로 600억 원이 조금 못 되는 돈을 들여 개발했죠. 이후 윈도 한 세트를 추가로 생산하는 데 3달러, 우리 돈으로 3,600원 정도면 충분하게 되었습니다. 그래서 판매량이 늘어나면 늘어날수록 마이크로소프트의 이익도 엄청나게 증가하는 모습을 보였습니다. 이런 것이 바로 수확체증의 법칙입니다.

지금 FAANG(Facebook(META), Amazon, Apple, Netflix, Google) 혹은 MAGA(Microsoft, Amazon, Google, Apple)라고 불리는 대형 기술 기반의 기업들에서 수확체증의 법칙이 적용되고 있죠. 이들은 지식과 기술을 기반으로 20세기에는 체험하지 못했던 수확체증의 법칙을 실현해냄으로써 엄청난 이익을 얻고 있습니다.

① 네이버NAVER

인터넷 시대 최대의 수혜주는 네이버였습니다. 한때 사람들이 궁금한 것이 있으면 유행처럼 했던 말이 "네이버에게 물어봐"였을 정도입니다.

네이버는 2013년까지는 NHN이라는 사명을 사용했고, 한게임을 운영하는 NHN엔터테인먼트(현 NHN)와 인적분할 이후 현재의 '네이버 주식회사'로 사명을 변경했습니다. 네이버는 1997년 삼성SDS의 사내벤처인 '웹글라이더'에서 시작되었는데요. 벤처 붐이 일던 당시 삼성SDS 사내 공모를 통해 사내벤처로 선발된 직원들이 회사의 지원을 받아 1998년 1월 첫 서비스를 시작했습니다.

인터넷 문화가 발달한 현재는 네이버가 재벌급 대기업에 가까운 회사가 되었죠. 하지만 당시에는 한메일과 다음 카페로 대중적으로 확산되어 있던 다음Daum과는 비교할 수 없을 정도로 인지도가 낮았습니다. 인터넷 문화가 지금처럼 발달하지 않았던 시기였던지라 네이버는 그저 신생 중소기업으로만 알려져 있었습니다. 이용자 수도 적은 편이어서 다음, 야후, 라이코스, 엠파스에 밀려 5위에 불과했습니다. 그러나 2001년부터 한게임과의 합병으로 엄청난 시너지 효과를 불러일으키며 2002년을 전후해 야후, 다음과 겨룰 수 있을 정도의 포털사이트가 되었고 코스닥에도 등록되었습니다.

네이버가 5위 포털사이트에서 경쟁자들을 제치고 지금처럼 성장할 수 있게 된 계기는 2002년 10월 출범한 '지식iN' 서비스 덕분으로 평가받고 있습니다. 당시 검색엔진들의 성능은 좋지 않았고, 무엇보다 한국어 콘텐츠가 매우 빈약해서 '정보의 바다'라는 인터넷에서 건질 수 있는 제대로 된 정보가 별로 없었습니다. 네이버는 집단지성을 이용해 콘텐츠 부족 문제를 효율적으로 해결하기로 했고, 이 서비스는 훗날 야후나 구글 등이 벤치마킹하기도 했습니다.

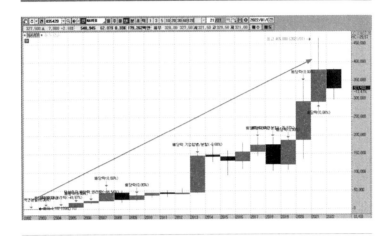

네이버 연봉

이후 급격히 이용자가 늘어나기 시작하자 이를 원동력으로 2003년 블로그와 카페 서비스를 개시하고 이후 공격적으로 마케팅하며 네이버는 1위 검색엔진에 등극합니다. 이후 포털사이트의 대표 기업이 되어 우리 일상에 없어서는 안 될 플랫폼 기업이 되었죠. 네이버의 주가 동향을 보면 인터넷 시대에 1위 기업이 모든 수혜를 받아가는 승자독식의 상황을 알 수 있습니다.

② 구글Google

구글은 웹 검색, 포털 사이트, 또는 관련 사이트를 운영하고 광고를 주 사업 영역으로 하는 미국의 다국적 IT 회사입니다.

전 세계에서 압도적 1위를 차지하는 검색엔진이며, 역사상 가장 큰 인터넷 기업입니다.

구글은 역사상 가장 방대하며 가장 많은 사람이 사용하는 검색엔진 서비스입니다. 여기에다 유튜브까지 소유하고 있으니, 또 다른 거대 IT 기업인 메타(페이스북)와 트위터를 합친 것보다도 큰 규모입니다. 체급이 비슷한 경쟁자는 함께 MAGA로 분류되는 마이크로소프트, 애플, 아마존닷컴 정도가 있습니다.

구글의 경영 방침은 구글이 확보한 방대한 양의 데이터베이스에 누구나 쉽게 접근하여 이용할 수 있도록 하고, 이를 바탕으로 새로운 데이터를 수집, 체계화하는 것입니다. 이런 경영 방침이 그대로 반영된 구글의 검색엔진은 검색력이 좋아서 검색엔진 시장에서는 독보적입니다.

구글은 수많은 분야에 진출하고 있어서 '구글의 목표는 전 세계를 지배하는 것이다'라는 말이 나올 정도입니다. 우선 구글은 검색, 광고, 유튜브, 안드로이드, 지도, 클라우드, 구글 플레이, 크롬 등의 플랫폼 사업과 크롬 캐스트와 같은 하드웨어 상품 사업을 운영하고 있습니다. 또한 구글의 지주회사인 알파벳은 구글 외에도 생명과학 분야의 베릴리Verily, 자율주행의 웨이모, AI의 딥마인드, 스마트홈의 네스트NEST 등 자회사들을 통해 다양한 분야에서 신규 사업을 진행하고 있습니다. 2020년 기준 주요 사업별 매출 비중은 구글 서비스 92%(검색광고 57%, 유튜브 11%,

네트워크광고 13%), 클라우드 7%로 구성되어 있습니다.

알파벳의 주요 비즈니스인 구글은 광고, 유튜브, 클라우드 사업을 기반으로 매출 성장을 보여주고 있습니다. 우리에게 포털로 익숙한 구글은 뛰어난 검색엔진을 가지고 유저들을 확보하고, 이를 활용해 광고로 매출을 일으키는 형태의 비즈니스 모델을 가지고 있습니다.

클라우드 서비스는 구글이 지난 수년간 쌓아놓은 검색 기반의 유저 데이타베이스를 기반으로 단순히 파일을 저장하는 온라인 스토리지(저장) 서비스뿐만 아니라 AI와 머신러닝 등 각종 기술을 활용한 솔루션(보안, 데이터분석, 가상화, 사물인터넷 등)을 제공하고 바이오, 게임 등 다양한 산업군에 제공하고 있습니다.

구글은 이미 우리 일상생활과 상당히 밀접한데요. 당장 안드로이드 기반의 스마트폰을 쓰는 사람들은 구글의 서비스에 종속되어 있고, 유튜브와 같은 서비스는 세대를 막론하고 다양한 콘텐츠 소비 수단으로 이용되고 있습니다. 구글의 검색 포털과 검색엔진은 이미 인터넷 생활의 필수 아이템으로 사용되고 있습니다. 또한 클라우드 게이밍 서비스인 스타디아Stadia 같은 것도 향후 성장 가능성이 돋보이는 사업 영역으로 평가받고 있습니다. 구글의 주가 동향을 보면 이 기업이 얼마나 빠르게 성장해왔는지 알 수 있습니다.

이렇게 인터넷 시대의 강자들은 수확체증의 법칙과 함께 나

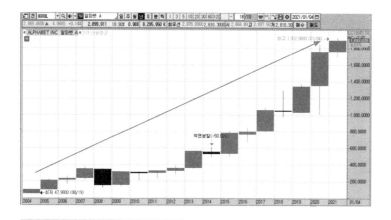

타나는 승자독식 현상을 고스란히 누리면서 지속적인 성장을
이어갑니다. 우리는 이들 기업에서 텐배거의 아이디어를 얻을
수 있습니다.

03

모바일 혁명과
텐배거 종목

아이폰에서 시작된 모바일 혁명은 온라인과 오프라인의 경계를 허물었습니다. 인터넷 시대로 대표되는 'WWW 시대'의 패러다임은 온라인과 오프라인의 구분이 다소 명확했지만, 모바일은 스마트폰이라는 디바이스를 '이동할 수 있다'는 점에서 온·오프라인의 구분을 없애는 혁신을 만들어냈습니다.

집에 앉아 전원을 켜고 웹 서핑을 하는 시대와 달리 '내 손안의 PC'를 가지고 다니면서 온라인과 오프라인 경험을 동시에 누리는 것은 그 자체로 혁명이었습니다. 덕분에 우리는 오프라인에 살며 온라인으로 오프라인의 실제 삶을 지원하는 수준까지 왔습니다.

영화를 보고 싶으면 모바일로 결제하고, 이동하고 싶으면 온디맨드 차량 서비스를 호출합니다. 지식에 접근하는 진입장벽은 크게 낮아졌으며 OTTover the top(개방된 인터넷을 통해 방송프로그램, 영화 등 미디어 콘텐츠를 제공하는 서비스) 사업자들은 실시간 콘텐츠를 서비스하기에 이르렀습니다. 온라인과 오프라인의 완벽한 융합이 이루어진 셈입니다.

스마트폰이 나온 이후 모바일을 기반으로 한 우리 삶의 영역은 엄청난 기세로 확장되고 발전했습니다. 대한민국의 삼성전자, 중국의 텐센트와 알리바바가 가세해 속도가 더욱 빨라졌고 이제 모바일로 거의 모든 것을 해결하는 세상이 되었습니다. 자료작성, 회의, 크고 작은 모임, 은행 업무, 판매, 구매, 결제, 계약 등 안 되는 것이 없습니다. 이제 오프라인과 온라인 세계가 오히려 모바일 세계를 보조하는 역할을 하기에 이르렀습니다.

모바일 혁명은 바야흐로 새로운 콘트라티에프 파동을 일으키는 혁명적인 기술기반이 되었습니다. 세상의 모든 기술이 스마트폰 안에 융합되었고, 보다 큰 스마트폰으로 자율주행 자동차가 거론될 정도로 모바일은 우리 삶에 물과 공기와 같은 존재가 되었습니다. 수많은 기업이 모바일 세상에서 자웅을 겨루었지만 그중 애플과 아마존을 대표 기업으로 꼽을 수 있습니다.

① 애플Apple

세계 최고의 기업 애플은 미국 캘리포니아주 쿠퍼티노에 위치한 전자기기 등의 하드웨어 및 소프트웨어 제조사입니다. 애플은 2007년 스마트폰인 '아이폰'을 선보이면서 모바일 혁명을 이끌었습니다. 그 결과 2011년 8월 9일 미국 증시에서 장 중 엑손모빌을 누르고 시가총액 1위가 되었고, 2022년 2월 현재 애플의 기업가치는 약 2조 8천억 달러입니다.

애플은 크게 제품 제조 부문과 서비스 부문 두 가지로 사업이 구분되어 있습니다. 제조 부문에서는 iPhone, Mac, iPad, 기타 기기(Airpod, Apple Watch) 등을 생산하고, 서비스 부문에는 App Store, iCloud, AppleCare+, Apple Pay, 콘텐츠 서비스(Apple Music, Apple tv+, Apple Arcade, Apple News+ 등) 등이 있습니다.

이 외에도 전기차 시장에도 도전장을 내밀고 있는 애플은 제조 및 서비스의 영역을 점차 확장해가고 있습니다. 아이폰이 애플 매출의 절반 이상을 차지하고 있지만, 애플은 미래 먹거리 창출에 큰 노력을 기울이고 있죠.

먼저 단기성장 부분에서 주목받고 있는 것은 바로 헬스케어 분야입니다. 애플은 애플워치를 통해 사용자의 걸음 수, 운동강도, 심장박동수, 심전도 등 다양한 신체활동과 건강 상황을 체크하고 이렇게 수집된 사용자의 건강 및 운동 정보를 관리하는 플랫폼 헬스킷HealthKit을 운영하고 있습니다.

그리고 장기적인 성장동력으로는 애플카가 있습니다. 애플은 2015년 9월 애플카 프로젝트인 '타이탄'을 공식적으로 발표했는데, 당초 전기차와 자율주행 자동차에 대한 연구개발을 진행할 것으로 보였지만, 현재는 자율주행에 집중하고 있습니다. 자율주행 소프트웨어는 애플이 제공하고 자동차 제조는 협력업체에 맡기는 사업구조를 구상하고 있습니다.

모바일 혁명을 촉발하고 그 생태계를 잘 이끌어가는 애플은 명성에 맞는 주가 상승을 보였습니다. 그 움직임을 확인하면 다음과 같습니다.

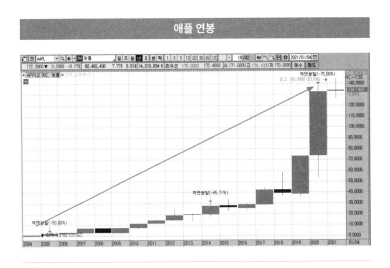

애플 연봉

② 아마존Amazon

아마존은 모르는 사람이 드물 정도로 유명한 회사입니다. 전세계 사람들이 이용하는 전자상거래 회사로, 1994년 7월 5일 제프 베조스가 설립했습니다.

아마존은 온라인 서점으로 사업을 시작했으나 이후 DVD, 음악 CD, 소프트웨어, 게임, 전자제품, 의류, 음식 등 다양한 분야의 제품을 판매하며 사업 규모를 점차 키워왔습니다. 그 결과 현재의 아마존은 수억 개의 제품을 소유한 전자상거래 업계의 거대 공룡이 되었습니다. 아마존은 미국 내수시장을 독점하고 있기 때문에 더욱 빠르게 성장할 수 있었습니다.

현재 아마존은 북미 지역에 23개의 풀필먼트 센터Fulfillment Center를 소유하고 있는데, 땅값 비싼 뉴욕 시내 곳곳에 추가의 센터를 설립하고 있습니다.

풀필먼트 센터란 물류창고보다 좀 더 진보된 개념인데 과거 물류센터가 빠른 제품 제공에 목적을 두고 있다면, 풀필먼트 센터는 개인의 요구 사항에 대해 정확한 서비스를 제공하는 것에 그 목적이 있습니다.

이런 서비스를 현실에서 구현하기 위해 아마존은 로봇을 이용한 조립 시스템을 구축하고 있습니다. 이를 통해 고객들의 복잡한 요구 사항을 한 치의 오차 없이 처리할 수 있는 거죠. 로봇에 의해 시스템이 돌아간다면 사람의 일자리를 빼앗기는 것이

아닌가 하는 의문이 들 수 있겠지만, 다행히도 아마존은 로봇과 사람의 업무 영역을 분담하여 각자의 일자리를 지키며 상생할 수 있도록 하고 있습니다.

아마존은 인터넷 시대를 넘어 모바일 혁명에 이르기까지 통신 환경의 변화에 꾸준히 적응하고 사업영역을 확장하면서 성장했습니다.

전 세계 사람들이 모바일을 통해 아마존에 주문하고 배송을 받죠. 미국시장 내 시가총액 3~4위권에 올라 있는 거대기업인 아마존의 주가 흐름을 보면 사업이 본 궤도에 오른 후 지속적인 상승을 했다는 것을 알 수 있습니다.

모바일 혁명이 시작되었다고 모든 종목이 텐배거가 되는 것은 아닙니다. 모바일 시대가 열린 이후에도 사라져간 기업이 수두룩합니다. 시대를 선도하고 시대의 변화에 성공적으로 적응하면서 사업영역을 확대해 나간 기업만이 진정한 텐배거가 될 수 있습니다.

04

녹색 혁명과
텐배거 종목

기후변화로 인한 지구온난화는 인류의 존립을 위협하는 요인으로 인식되고 있습니다. 지구온난화 방지를 위해 맺은 교토의정서는 온실가스 배출량이 많은 주요 선진국 37개국의 온실가스 총배출량을 1990년 수준보다 5.2% 감축하는 걸 목표로 합니다. 2015년 12월 프랑스 파리에서 개최된 유엔기후변화회의는 지구 대기 온도를 섭씨 2도 아래로 묶는 것을 목표로 2016년 11월 4일에 발효되었습니다. 바야흐로 탄소중립을 위한 각국의 노력이 시작되었고, 탄소를 발생시키지 않고 완전히 재생에너지로 100% 전력을 충당하는 RE100Renewable Energy 100이 기업의 목표가 되었습니다.

이런 글로벌 탄소중립 바람을 타고 기존의 탄소를 발생시키는 자동차에서 탄소가 나오지 않는 자동차를 표방하면서 나타난 것이 바로 전기차입니다. 전기차는 내연기관 없이 배터리와 모터를 중심으로 운행되는 자동차입니다. 무엇으로 전기를 생산하느냐 하는 문제와는 별개로 전기차는 친환경 차로 각광받으면서 매출이 급격히 늘어나고 있습니다. 그리고 그 모든 것을 가능하게 해줄 핵심적인 부품이 바로 배터리입니다. 소위 2차전지라고 불리는 배터리산업은 폭발적인 수요를 기반으로 상승하면서 텐배거들이 탄생했습니다

① 삼성SDI

우리나라 2차전지 완성품업체로는 LG에너지솔루션, SK이노베이션 그리고 삼성SDI가 있습니다. 그중 삼성SDI는 전기차 배터리는 물론 ESS(에너지저장장치) 분야에서 강점을 가지고 있는 회사입니다. 탄소배출권 규제로 내연기관 자동차 생산이 줄어들고, 대체품인 전기차시장이 커지는 상황이죠. ESS와 관련해서는 신재생에너지인 태양광, 풍력, 조력 발전 등을 할 경우 에너지 저장이 필수적인 상황입니다. 여기에다 2021년 초 미국 텍사스주의 한파로 인해 전기대란이 있었던 점 등을 고려해보면 앞으로 ESS에 대한 수요도 폭발적으로 증가할 것으로 예상됩니다. 삼성SDI는 전기차의 등장과 ESS의 중요성이 강조되면서

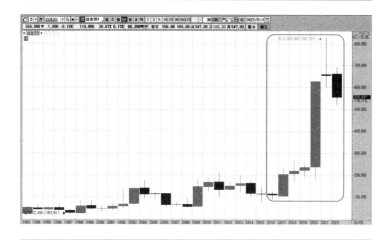

삼성SDI 연봉

텐배거에 올랐는데요. 그 주가 흐름은 위와 같습니다.

② 천보

전기자동차를 비롯해 4차산업이 가능하기 위해 꼭 필요한 것
이 2차전지입니다. 한 번 쓰고 버리는 것이 1차전지이고, 충전
해서 계속 사용 가능한 것이 바로 2차전지입니다. 전기자동차
에 대해서도 사람들이 바라는 것은 더 긴 주행거리입니다. 2차
전지의 성능과 효율이 향상되면 전기차의 흥행은 물론 모바일
기기를 비롯한 스마트 기기 등을 한 번 충전해서 오래 쓸 수 있
는 혁신이 가능하게 되죠.

2차전지를 사용한 완성품을 만드는 기업은 우리나라뿐만 아니라 중국에도 많이 있습니다. 2차전지 소재를 만드는 기업 임장에서는 납품할 수 있는 기업이 많아져야 좋은 환경이 될 수 있습니다.

2차전지는 음극재, 양극재, 분리막 그리고 전해액로 구성됩니다. 그중 전해액을 전문으로 하는 기업이 바로 천보입니다. 천보는 그 부분에서는 세계적인 기업으로 평가받고 있습니다. 그런 점을 평가받아 천보의 주가 흐름이 아주 좋았습니다. 2차전지 시장이 더 커지면 수익도 더 좋아지지 않을까 하는 시장의 기대도 있습니다. 이로 인해 천보는 2차전지 종목의 텐배거로 자리 잡았습니다. 2019년에 상장된 천보의 주가 흐름은 다음과

천보 연봉

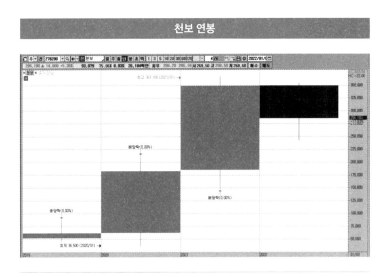

같습니다.

　2차전지와 전기자동차는 떼려야 뗄 수 없는 사이입니다. 기존 완성차업체들이 본격적으로 시장에 참여할 때 전기차산업의 판도가 어떻게 바뀔지는 지켜볼 일입니다. 그러나 1980년대 이후 우리 삶에 반도체가 쓰이지 않는 곳이 없듯이 성능 좋은 2차전지도 우리 삶에서 분리하기 어려운 제품이 될 겁니다. 지속적으로 관심을 가지면 충분히 텐배거가 나타날 수 있는 분야입니다.

4장

경기순환에 따른
주식시장과 텐배거 종목

TEN BAGGER

주식시장에서는 일반적으로 경기순환의 기준으로 키친 사이클을 사용합니다. 키친 사이클은 통화정책의 변화로 인해 나타나는 것으로 주기가 3~5년 정도 되는 경기순환 주기입니다. 주식시장은 경기의 순환 주기와 밀접하게 움직입니다. 이번 장에서는 경기순환과 주식시장의 관계를 분석하는 틀을 소개하고, 텐배거를 발굴하는 방법을 알아보겠습니다.

01

경기순환과
주식시장의 관계

증권시장의 사계절, 즉 봄, 여름, 가을 그리고 겨울을 말한 사람은 바로 일본 니코—興증권의 애널리스트 출신인 우라카미 구니오입니다. 그는 1990년에 『주식시장 사이클 구분법』이라는 책을 통해 주식시장의 흐름을 일목요연하게 정리했습니다. 구니오는 1931년 태어나 1949년 고베의 상업학교를 졸업한 후 니코 증권에 입사해 리서치의 주임연구원 등을 거쳐 일본의 기술적 분석가 협회의 회장을 역임하기도 한 인물입니다.

구니오의 장세 구분법을 살펴보겠습니다. 경기가 사이클을 그리면서 순환하고 있다는 것을 생각하면 경기 사이클을 따라서 주식시장도 그 모습을 달리한다는 것이 그의 생각입니다. 그리

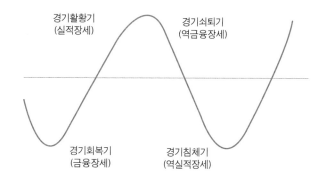

경기사이클과 주식시장의 장세

경기활황기
(실적장세)

경기쇠퇴기
(역금융장세)

경기회복기
(금융장세)

경기침체기
(역실적장세)

고 이 분석의 틀에서 주목하고 있는 변수는 금리와 기업의 실적 그리고 주가입니다. 이 셋의 관계를 잘 이해하는 것이 핵심입니다.

우라카미 구니오의 분석 틀을 요약하면 위의 그림과 같습니다. 각 경기의 국면과 그에 따른 주식시장의 모습을 하나씩 살펴보겠습니다.

금융장세

경기회복기에 관련 경기 지표(금리, 기업실적, 주가)들이 다음과 같은 모습을 나타냅니다. 즉 금리는 급락(↓)하는 모습을 보이지만 기업의 실적은 여전히 나쁜 상태(↘)이고 이때 주가는 폭등세(↑)를 보입니다. 이런 시장을 '금융장세'라고 합니다. 경기를 살리기 위해 통화당국에서 금리를 끌어내리다 보니 금리상품에 있던 자금이 주식시장으로 일시적으로 몰리는 현상이 벌어집니다.

금융장세는 우선 주식시장으로 엄청난 규모의 자금이 들어오니 중소형주보다는 자본금이 큰 업종대표주, 그리고 시장에서 주가를 크게 올리지 않고서도 주식을 마음껏 살 수 있는 유동성이 큰 종목들이 큰 폭의 상승을 보이게 됩니다. 금리가 급하게 떨어지니 금리 인하 수혜주가 나타나는데, 경기부양을 위해 정부가 사회간접자본 투자를 서두를 테니 사회간접자본 투자 관련주들이 상승세를 보일 것입니다. 금리 인하 수혜주로는 우리나라의 경우 대표적으로 부채비율이 큰 건설업종과 금리 인하 시 예대 차익이 커지는 은행주, 증권주 등을 꼽을 수 있습니다. 그래서 금융장세에서는 업종대표주, 금융주, 건설주 등 사회간접자본투자 관련주들에 투자해야 큰 수익을 낼 수 있을 것입니다.

이런 금융장세는 지수가 큰 폭으로 상승해서 시장은 엄청나게 화려한 모습을 보이지만 일반투자자들은 그에 상응하는 수익을 올리지 못하는 경우가 허다합니다. 일반인들은 금융장세 초기에는 약세장에 길들어 있어 쉽게 투자에 나서지 못하기 때문입니다.

여기서 한 가지 주목해야 할 것이 있습니다. 경기가 회복된다는 것은 원자재를 중심으로 물동량이 많아진다는 것을 의미합니다.

이때 수혜를 받는 업종이 바로 운송업종입니다. 운송에는 육상운송, 항공운송 그리고 해상운송이 있는데 가장 큰 규모의 물건이동은 해운이 담당합니다. 순서로 보면 원자재가 먼저 움직이고 그다음에 완성품이 움직이는 것이죠.

그래서 이때는 벌크선 운임지수인 BDIBaltic Dry Index(발틱건화물운임지수)를 잘 살펴야 합니다. 이 지수가 급등하면 운송업종 내지는 물건을 실어 나르는 배를 건조하는 조선주에 투자해야 하기 때문입니다.

실적장세

경기 회복기에는 통화당국의 저금리정책으로 인해 기업의 투자 마인드가 살아나게 되고 경기가 본격적인 활황 국면으로 접어들게 되면 각종 지표는 다음과 같이 변하게 됩니다.

우선 금리는 서서히 상승세(／)를 보이는데 이는 두 가지로 설명됩니다.

첫째, 경기가 활황으로 접어들게 되면 필연적으로 나타나는 것이 물가상승입니다. 우리가 흔히 말하는 이자율은 명목이자율입니다. 명목이자율은 실질이자율과 기대물가상승률을 합한 값입니다. 그러니 물가가 서서히 올라가게 되면 명목이자율은 상승할 수밖에 없을 것입니다.

명목이자율 = 실질이자율 + 기대물가상승률

둘째, 경기가 활황으로 접어들게 되면 기업들의 자금 수요도 커집니다. 공장도 증설해야 하고, 기계장비도 더 들여놓아야 하기 때문입니다. 기업의 자금 수요가 커지면 자연히 금리가 상승하는 모습을 보입니다.

또한 기업의 실적은 급격하게 좋아지는(↑) 모습을 보이고 주가는 견고한 상승세(╱)를 보입니다. 이렇게 경기가 활황세에 접어들면 기업의 실적이 급격하게 좋아지는데, 기업의 실적이 좋아져서 주가가 상승세를 보이는 장세를 '실적장세'라고 합니다.

실적장세가 나타나면 실적이 먼저 좋아지는 종목군을 우선적으로 사야 합니다. 경기가 좋아질 때 가장 먼저 수요가 늘어나는 산업은 소재산업입니다. 그래서 소재산업에 속한 종목들을 먼저 사고, 그다음으로 완성품인 경기소비재 산업의 주식으로 이동해야 주가의 상승을 오롯이 향유할 수 있습니다. 여기서 소재산업이라고 하는 것은 철강, 석유화학제품과 최근에는 반도체와 같이 경기가 살아나기 위해서 기초적으로 필요한 물건들을 만드는 산업을 말합니다.

그리고 경기소비재산업은 소재를 이용해서 만들어내는 완성품을 말합니다. 경기소비재에는 가전제품, 자동차 등이 포함될 수 있습니다. 실제로 일반인들이 큰 수익을 낼 수 있는 장세는 바로 실적장세입니다. 왜냐하면 이때는 실적에 좋아지는 종목들이 전방위로 상승하기 때문입니다.

역금융장세

기업의 실적이 급격하게 좋아지는 경기활황세가 이어지면 물가상승, 즉 인플레이션이 나타나므로 통화당국의 경제운용에 큰 부담이 됩니다.

이러한 상황에서 통화당국은 물가상승을 막기 위해 금리인상을 단행하게 되는데, 그 과정에서 나타나는 장세가 바로 '역금융장세'입니다.

그러면 경기 관련 지표들은 어떻게 될까요? 우선 금리는 급등세(↑)를 보이고, 기업의 실적은 여전히 좋아지는 추세(↗)에 있으며, 주가는 폭락세(↓)를 보이게 됩니다. 이러한 장세가 나타나는 이유는 통화당국이 금리를 올리면 위험자산인 주가가 상당폭 올라 있는 상태에서 시장의 자금은 주식시장에서 금리상품으로 이동하게 되고, 그런 과정에서 주가가 폭락하기 때문입니다.

따라서 주식시장에서 자금이 빠져나가는 역금융장세에서는 금융장세와는 반대로 투자자들이 손쉽게 팔아치울 수 있는 업종대표주 등 대형주에 대한 투자는 피해야 할 것입니다. 이때는 주식시장에서 발을 빼는 것이 좋지만, 이러한 장세에서도 수익을 내고 싶다면 중소형우량주, 저PER주 등 대체로 적은 자금으로도 주가의 하락세를 방지할 수 있는, 소위 몸이 가벼운 주식에 투자해야 합니다. 또한 M&A도 활발해질 수 있으니 M&A 관련주에도 관심을 가져야 합니다.

역실적장세

경기쇠퇴기에 나타나는 역금융장세를 거치면서 이미 상당폭 높아진 금리로 인해 기업의 투자 마인드가 위축되면 실적이 나빠지는 상황이 벌어지게 됩니다. 이러한 상황에서는 각종 지표의 움직임은 다음과 같이 변화합니다.

우선 금리는 서서히 하락세(↘)를 보이게 됩니다. 이는 통화 당국이 경기의 연착륙을 위해 서서히 금리를 내리기 때문입니다. 기업의 실적은 투자 마인드의 위축으로 급격하게 나빠지고 (↓) 주가는 하락세가 둔화하기는 하지만 여전히 약세(↘)가 이어지는 상황이 됩니다.

이런 시장을 일컬어 기업의 실적이 나빠져서 주가가 하락한다고 해서 '역실적장세'라고 합니다. 역실적장세에서는 상대적으로 경기에 방어적인 내수 관련주, 자산가치 우량주 등에 투자하면 됩니다. 예를 들어 음식료업종, 섬유의류 그리고 제약주 등이 경기방어주에 속합니다.

이것이 바로 경기상황과 주식시장의 관계입니다. 우라카미 구니오가 제시한 국면별 지표들의 움직임을 정리하면 다음과 같습니다.

각 장세에 따른 지표들의 움직임			
구분	금리	기업실적	주가
금융장세	↓	↘	↑
실적장세	↗	↑	↗
역금융장세	↑	↗	↓
역실적장세	↘	↓	↘

각 장세와 장세에 따른 특징			
구분	경기	주가	주도주
확장국면 / 회복기	• 자금수요 감소와 금리 인하 • 물가안정 • 민간지출 증대 및 설비투자 확대 시작	• 금융장세 - 금리 인하 경기회복 기대로 주가 상승세 전환 - 기업수지 개선 기대감으로 주가 상승 가속화	• 금리하락 수혜주 • 재정투융자 관련주 (건설, 항공, 전력 등) • 불황 적응 능력이 강한 업종대표주 • 경기회복에 대비한 운송관련주
확장국면 / 활황기	• 생산·판매활동 증가 →순이익 증가 • 생산시설 확장→과잉투자 • 소비 증가, 물가 상승 (임금상승률〉노동생산성 상승률) • 자금 수요〉자금공급 →금리 상승 • 정부의 통화긴축, 금리인상 등 경기조절책 실시	• 실적장세 - 실적 호전으로 주가 상승 - 경기정점 도달 전에 경기후퇴를 미리 반영하여 주가 하락세로 반전	소재산업 (석유화학, 철강업종, 반도체업종 등) ↓ 가공산업(경기소비재) (순환매)
수축국면 / 후퇴기	• 금융긴축 지속되는 가운데 실질이자율 상승 및 내구 소비재 수요 감소 • 생산활동 위축 및 실업률 증가	• 역금융장세 - 주가 본격하락국면 진입→하락추세대 형성, 상승시에도 단기반등에 그침	• 중소형우량주 • 저PER주
수축국면 / 침체기	• 판매부진에 따른 재고 누적 • 신규투자활동 위축 및 실업율 최고 수준 • 부도기업 속출 • 정부의 금리인하 등 금융 긴축 완화를 통한 경기부양 노력	• 역실적장세 - 경기부양, 긴축완화 기대로 주가 하락세 진정 - 경기회복 조짐이 빨리 나타나는 유망산업에 대한 조기 선취매 현상과 거래량 증가 신호	• 내수 관련 경기방어주 (제약, 음식료, 섬유의류) • 자산주

앞에서 살펴본 바와 같이 경기와 관련해서 장세를 금융장세, 실적장세, 역금융장세, 역실적장세 등으로 구분하는데 이것이 바로 주식시장의 사계절로 불리는 것입니다.

02

경기순환 초기에 나타나는
텐배거 종목

경기순환과 주식시장의 관계를 살펴보면 다음과 같습니다.

① 경기침체기에는 주가가 하락세를 마치고 상승세로 전환됩니다.

② 경기회복기에는 주가가 지속적으로 상승합니다.

③ 경기활황기에는 경기 정점 이전에 주가가 하락세로 반전됩니다.

④ 경기후퇴기에는 주가도 계속해서 하락합니다.

여기서 알 수 있는 것은 주가가 경기에 선행한다는 겁니다. 지금까지 연구된 바에 의하면 주가는 경기보다 6개월 정도 선행해서 움직인다고 합니다. 그래서 경기를 이용한 주식투자 전략에서는 경기침체기가 최적의 매수 시점이고, 매도는 경기정점 이전에 하는 것이 바람직합니다.

경기순환과 관련해서 텐배거 종목이 나타나는 것은 경기회복 초기로 볼 수 있습니다. 정확히 말하면 경기침체기에 아무도 주식시장에 관심을 두고 있지 않을 때 먼저 매수해야 텐배거 종목을 가질 수 있습니다. "아무도 가지 않는 뒤안길에 꽃길이 있다"라는 말을 되새겨야 하는 이유입니다.

경기순환과 관련해서는 통계청(www.kostat.go.kr)에서 경기종합지표를 얻을 수 있는데 그중 주식투자자에게 가장 중요한 정보는 바로 경기선행지수입니다. 경기선행지수의 전월비 움직임을 통해 경기순환을 파악할 수 있습니다. 그 움직임은 다음과 같습니다.

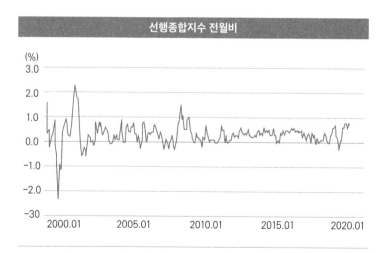

선행종합지수 전월비

우리나라에서 경기회복과 함께 나타난 텐배거 종목을 몇 가지 살펴보겠습니다.

① 금호석유화학

2002년 우리나라에는 부자 되기 열풍이 불었습니다. 그런데 이때 이웃 나라인 중국의 경기가 좋아지면서 우리나라 경기도 급격히 좋아지기 시작했습니다. 당시 우리나라 종합주가지수의 움직임은 아래와 같습니다.

경기가 좋아질 때는 소재 관련주가 먼저 상승한다고 할 수 있습니다. 소재 관련주 중 경기회복기에 가장 큰 수혜를 받는

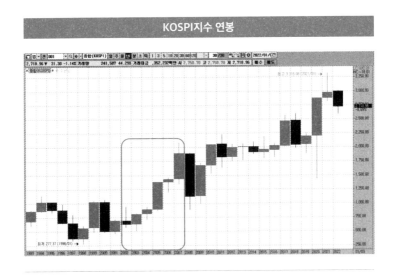

KOSPI지수 연봉

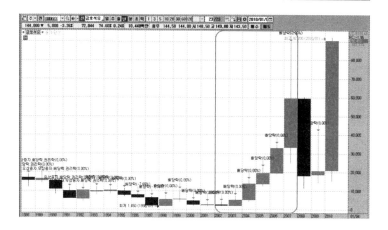

금호석유화학 연봉

종목은 석유화학업종입니다. 당시 대표적으로 상승을 주도한
종목은 금호석유화학이었습니다. 금호석유화학의 2002년부터
글로벌 금융위기 전인 2007년까지의 주가 움직임을 살펴보면
위와 같았습니다.

② 현대제철

경기회복기에 상승을 주도하는 소재업종 중 또 하나는 철강
업종입니다. 철강은 경기회복기에 사회간접자본투자나 시설
투자를 할 때 필수적으로 사용되는 소재업종입니다. 당시 철
강업종 중 가장 큰 상승을 보인 종목은 바로 현대제철이었습

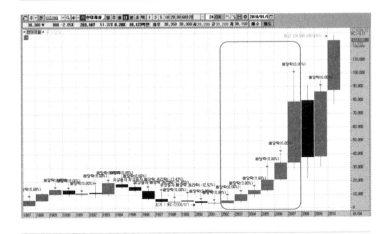

니다. 같은 기간 현대제철의 주가 동향을 살펴보면 위와 같았습니다.

③ HMM

경기회복기에 또 하나 눈에 띄는 업종은 해운업종입니다. 앞서 살펴본 소재산업인 석유화학 및 철강산업과 더불어 이를 실어날라야 하는 해운업종은 경기회복기에 대표적인 경기민감주로, 주가가 급등하는 모습을 보이게 됩니다. 우리나라의 대표적인 해운업체인 HMM의 주가 동향을 통해 이를 확인할 수 있습니다.

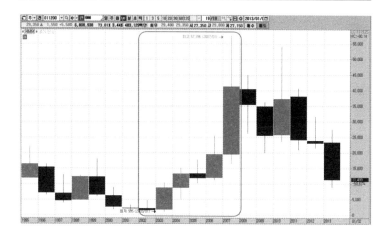

5장

유동성 확대와
텐배거 종목

TEN BAGGER

유동성 확대란 시중에 엄청난 양의 돈이 풀리는 것을 말합니다. 일반적으로 통화당국이 시중에 유동성을 확대하는 방법은 금리 인하, 시중은행에게 돈을 빌려줄 때 적용하는 재할인율 인하, 시중에 풀어놓았던 통화안정증권을 사들이는 것 등입니다.

그러나 최근 글로벌 주식시장은 2007년 미국의 금융위기와 이어서 터진 유럽의 재정위기를 거치면서 막대한 유동성을 양적완화(QE)라는 이름으로 풀어놓았고, 특히 코로나 팬데믹에 국민의 소득을 보전하기 위해 또 한 번 유동성을 풀어놓았습니다. 이렇게 시중에 풀린 돈은 투기성 자금이 되어 주식시장, 원유시장, 농산물시장, 암호화폐시장 등을 구분하지 않고 몰려다니면서 가격을 급등시키는 역할을 했습니다.

01

유동성과 주식시장의
관계

시중의 유동성은 두 가지 경로로 늘어나게 됩니다. 첫 번째는 본원통화로, 중앙은행이 풀어놓은 현금이나 그에 상응하는 단기자금 등을 말합니다. 두 번째는 신용창조로, 은행을 통해 대출이 적극적으로 늘어날 때도 유동성이 극적으로 증가하게 됩니다.

과거에는 이렇게 유동성을 많이 풀어놓으면 물가를 상승시켜 경제운용에 많은 부담을 준다고 해서 통화량을 엄격하게 관리했습니다. 그러나 1980년대 신자유주의가 경제의 주류학설로 자리 잡으면서 부채를 통한 경제성장을 시도했기 때문에 시중 유동성이 엄청나게 많이 풀릴 수밖에 없었습니다.

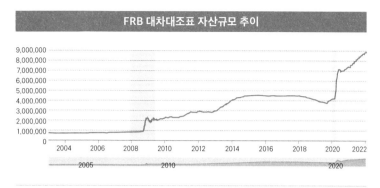

FRB 대차대조표 자산규모 추이

출처 : 미국 연방준비제도이사회(FRB)

　먼저 글로벌 금융위기와 코로나19를 지나면서 미국의 본원통
화가 얼마나 늘어났는지 살펴보겠습니다. 위의 그래프는 미국의
중앙은행인 연방준비제도이사회FRB의 대차대조표 중 자산의
규모를 보여주는 그래프입니다. 미국 중앙은행이 돈을 푸는 방
법은 미국 재무부가 발행하는 국채를 사는 과정에서 현금을 공
급하는 방식입니다. 중앙은행은 무자본이기 때문에 자산과 부
채의 규모가 같습니다. 그래서 연준의 자산규모는 시중에 풀린
돈의 양을 의미합니다.

　그림에서 보듯 2007년 이전에는 1조 달러 규모의 본원통화
가 거의 고정적으로 관리되고 있었습니다. 2008년 금융위기를
지나면서 양적완화를 10년 정도 유지했고 2017년에는 약 4조
5천억 달러가 시중에 풀렸습니다. 순수하게 3조 5천억 달러를
공급한 셈입니다. 더 극적인 것은 코로나19 위기에 대응하기 위

S&P500지수 월봉

해 9조 달러까지 본원통화를 늘린 것입니다. 실로 어마어마한
양의 돈이 풀려나간 것이죠.

　이렇게 돈이 풀리게 되면 경기 상황과는 괴리된 주가 움직임
을 보이게 됩니다. 물론 돈을 푸는 기간 동안 세금 인하 등의 조
치가 같이 진행되기도 했지만, 금융위기 이후 미국의 S&P500
지수의 월별동향을 살펴보면 막대하게 풀린 돈이 주식시장을
어떻게 움직였는지 알 수 있습니다.

02

유동성은
늘어날 수밖에 없다

시중에 한 번 늘어난 유동성을 줄이는 일은 매우 어려운 작업입니다. 자칫 경제주체들의 투자심리를 위축시켜 경기가 둔화할 수 있기 때문입니다. 특히 미국의 경우 달러화는 기축통화이기 때문에 극적으로 유동성을 줄이는 것은 어렵습니다. 여기서 말하는 기축통화란 국제상품거래에서 결제에 사용되는 중심통화를 말합니다.

기축통화를 가진 국가에게는 '세뇨리지 효과'라고 하는 화폐주조이익이 있습니다. 우리나라의 경우에는 외채가 있으면 이를 갚기 위해 무역흑자를 낸다든지, 그렇지 않으면 세금을 더 걷는다든지 등의 조치를 취해야 합니다. 과거 IMF 외환위기 때 '금모으기 운동'을 하기도 했습니다. 그러나 기축통화국은 그렇게 하지 않고 돈을 더 찍어서 필요한 채무를 상환하면 됩니다. 이런 달콤한 효과는 기축통화국 입장에서는 놓칠 수 없는 유혹입니다. 사실 1980년대 이후 미국의 경제성장은 기축통화국의 이점을 십분 살린 것으로도 볼 수 있습니다.

미국을 제외하면 유럽연합 정도만 본원통화를 늘릴 수 있습니다. 나머지 국가들은 돈을 마구 풀어놓으면 외환위기를 초래할 위험이 있으므로 그렇게 할 수 없습니다. 그래서 미국을 중심으로 한 기축통화국 내지 준기축통화국은 본원통화를 늘리고 줄이고를 반복하지만 결국에는 유동성이 늘어나는 방향으로 움직입니다. 그리고 이렇게 풀린 돈이 국제금융시장을 통해 우리나라에도 흘러들어오면서 주식시장을 중심으로 투기적인 가격 상승이 나타나는 경우가 있습니다.

03

유동성이 넘쳐날 때 나타나는
텐배거 종목

주식시장에 유동성이 차고 넘치면 앞으로 성장 가능성이 돋보이는 성장주들의 상승이 눈에 띄게 됩니다. 소위 '기술주'라고 하는 기업들이 급등하는 모습을 보이는 거죠. 그런 기업들의 예를 살펴보겠습니다.

① 메타(페이스북)

페이스북은 스마트 기기가 널리 퍼지면서 수혜를 받은 대표적인 기업입니다. 사회관계망서비스라고 하는 SNS의 대표주자였죠. 페이스북 이외에 인스타그램이나 텔레그램 등이 있지만, 그래도 사람들이 가장 많이 사용하는 플랫폼은 페이스북이었

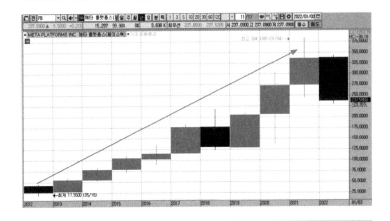

습니다. 페이스북이 유동성 확대 시기에 얼마나 큰 상승을 보였는지 위의 주가 동향을 보면 알 수 있습니다.

② 넷플릭스

넷플릭스는 전 세계 200여 개 국가에 2억 명 이상의 이용자를 보유한 스트리밍 엔터테인먼트 기업입니다. OTTover the top 서비스를 통해 큰 수익을 얻고 있는 기업인데, 넷플릭스도 유동성 확대 시기에 미래에 대한 꿈을 안고 지속적으로 상승했습니다. 넷플릭스의 주가 동향을 살펴보면 다음과 같습니다.

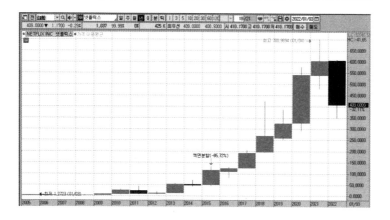

③ 신풍제약

유동성이 몰릴 때 주가가 단기간에 급등하고 그 뒤에 다시 급락하는 종목들이 많아서 조심해야 하는 사례도 있습니다. 대표적인 종목이 우리 주식시장의 신풍제약입니다. 신풍제약은 먹는 코로나19 치료제 개발이라는 호재를 타고 급등했습니다. 2020년 동학개미운동이 벌어진 이후 상승률 상위에 이름을 올리기도 했습니다. 그러나 임상실험에 실패했다는 소문이 돌고 그 틈을 타 자사주를 매각한 사실이 시장에 알려지면서 주가는 급락했습니다. 신풍제약의 주가 동향은 다음과 같습니다.

유동성이 몰리면서 주가가 올라갈 때 투자자들이 가장 힘든 것은 기업의 펀더멘탈과 괴리된 주가 움직임이 나타난다는 점입

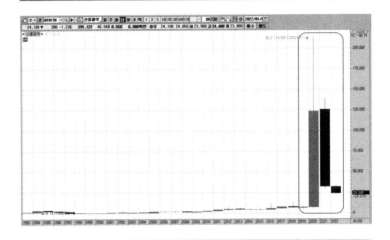

니다. 주가는 기업가치에 장기적으로 수렴한다는 믿음을 가지고 투자를 해야 하는데, 유동성 장세에서는 그런 원칙이 적용되지 못하는 경우가 있는 것이죠.

주가가 먼저 오른 다음 실적이 뒤따라야 하는데 그렇지 않은 경우 주가는 급등 후 급락하게 됩니다. 이런 상황에서는 기업 펀더멘탈에 대한 깊은 이해가 있어야 수익도 내고 낭패를 피할 수 있습니다.

6장

기업의 턴어라운드와
텐배거 종목

01

기업의 턴어라운드는
어떻게 나타나는가?

기업이 턴어라운드 한다고 하면 대부분 적자기업의 실적이 좋아져서 흑자로 전환되는 것을 의미합니다. 그런데 단순히 실적이 적자에서 흑자전환했다는 것만으로는 턴어라운드를 했다고 단언하기 어렵습니다. 턴어라운드라는 것을 조금 더 세분해서 살펴보면 다음과 같습니다.

① 잘나가는 기업이 한 단계 도약하는 과정

지금 영업이 호조를 보이면서 실적이 꾸준히 발생하는 기업이라 하더라도 그 상태가 영속적으로 이어지기는 어렵습니다. 그래서 지금 잘나가는 기업이 한 단계 점프업Jump-up하는 과정을 거치는 것도 턴어라운드의 한 형태로 볼 수 있습니다.

② 안정적으로 성장 중인 회사가 성장률을 더 높이기 위한 실적 개선 과정

기업은 매출이 지속적으로 발생해야 계속 기업으로 살아남을 수 있습니다. 지금도 매출이나 실적 성장이 안정적으로 이어지지만, 그 성장 속도의 기울이기를 높이기 위해 노력하는 과정도 턴어라운드의 한 형태로 볼 수 있습니다.

③ 재무성과가 좋지 않아 퇴출 위기에 놓인 기업을 살려내는 과정

이는 턴어라운드의 가장 전형적인 형태입니다. 재무성과가 좋지 않아 퇴출 위기에 처한 기업이 구조조정을 통해 조직개편을 한다든지, 필요 없는 자산을 매각함으로써 재무구조를 개선시킨다든지, 사업부나 계열회사를 매각해서 필요한 자금을 마련한 후 새로운 사업에 진출한다든지 하는 과정을 거치면서 실적 개선을 이루는 것도 턴어라운드입니다.

02

턴어라운드 성공을
어떻게 판단할 수 있는가?

턴어라운드의 성공을 가장 잘 보여주는 것은 역시 실적 호전입니다. 모든 성과가 기업의 매출이나 이익 규모로 집약돼서 나타나기 때문입니다. 그런데 턴어라운드로 인해 나타나는 성과의 이면을 알아보는 것도 필요합니다.

① 비용구조의 개선 여부 확인

기업이 부실해지는 가장 큰 이유는 방만한 비용구조를 가지고 있는 경우입니다. 아무리 좋은 기업이라도 비용이 방만하게 관리되면 결국은 부실화되게 됩니다. 그래서 턴어라운드를 확인할 때 가장 먼저 확인해야 할 것은 비용이 제대로 구조조정되었는지 확인하는 것입니다. 유휴인력의 감축, 사무자동화의 진행 속도, 재고관리의 효율화 등을 확인하는 것이 포인트입니다.

② 사업구조의 재편

사업은 원가를 절감하고 충분한 매출이 발생해야 안정도 되고 성장도 담보할 수 있습니다. 사실 매출이 증가하는 것은 기업 입장에서는 통제 불가능한 변수죠. 그렇다면 기업이 통제 가능한 변수는 바로 원가절감이 될 겁니다.

원가절감을 위한 첫 번째 조건이 바로 '규모의 경제Economy of scale'를 달성하는 겁니다. 규모의 경제는 생산 규모가 커지면 생산원가가 절감되어 수익이 늘어나게 되는 과정을 말합니다. 예를 들어 다품종 소량생산의 사업구조를 가진 기업은 규모의 경제를 달성할 수 없습니다. 이런 사업구조를 슬림화해서 소품종 대량생산 구조를 만들어나가면 적극적으로 규모의 경제가 발생해서 실적이 좋아지게 됩니다.

③ 제품 포트폴리오의 개선

기업이 취급하는 제품이 어떤 것들로 구성되어 있는지 살펴야 합니다. 보스턴컨설팅에서는 기업의 제품을 상대적 시장점유율과 시장성장률을 기준으로 물음표Question Mark, 별Star, 캐시카우Cash Cow, 짖는 개Barking Dog 등으로 구분했습니다.

	(고)	시장점유율	(저)
(고) 시장성장률 (저)	★ (별)		? (물음표)
	(캐시카우)		(짖는 개)

물음표는 신제품을 말하고, 별은 지금 매출이 급성장하면서 수익도 잘 내는 제품을 말합니다. 캐시카우는 매출성장은 정체되지만 현금 창출이 잘 이루어지는 제품을 말하고, 짖는 개는 성장률도 떨어지고 시장점유율도 형평 없는, 속칭 한물간 제품을 말합니다. 제품 포트폴리오 개선을 통한 턴어라운드에 성공하기 위해서는 짖는 개는 구조조정하고, 캐시카우에서 벌어들인 돈으로 물음표인 신제품을 개발해서 별을 만들어내는 선순환 과정을 거쳐야 합니다.

④ 핵심역량 개발을 통한 새로운 사업 기회의 포착

핵심역량이란 경제 상황이 좋고 나쁨이나 외부 요인에 관계없이 기업의 성공을 위해 항상 유지해야 하는 능력을 말합니다. 핵심역량은 다양한 기능, 기술과 지식의 집합으로 한 기업만이 가지는 독특한 것이며 경쟁사가 쉽게 모방할 수 없는 것이어야 합니다. 소니의 소형화 기술, 캐논의 정밀기계기술·광학기술, 혼다의 엔진관련 기술, 월마트의 강력한 물류 시스템, 코카콜라의 자사 브랜드이미지 통합을 통한 지속적인 마케팅 능력의 확대 등을 예로 들 수 있습니다.

그러나 모든 기업이 핵심역량을 가지고 있는 것은 아닙니다. 핵심역량이 있는 기업은 지속적으로 실적을 내고 살아남지만, 그렇지 못한 기업은 그렇고 그런 기업으로 사라져갑니다. 따라서 핵심역량이 없는 기업이 인수합병이나 자체 개발로 핵심역량을 갖춰야 매력적인 턴어라운드 기업이 될 수 있습니다.

⑤ 경쟁 환경의 개선

기업은 산업 내 다른 회사들과 경쟁하면서 성장하게 됩니다. 경쟁 환경은 독점, 과점 그리고 완전경쟁으로 구분할 수 있습니다. 이중 기업 입장에서 수익성이 가장 좋아지는 것은 독점인 경우입니다. 어느 기업이 한 분야에서 독점적인 지위를 갖게 되면 기업의 생존을 담보하는 것은 물론이고, 영업실적이 지속적으로 우상향할 수 있는 좋은 환경이 만들어집니다. 독점이 아니라 3~4개 기업 정도만 살아남아 있는 과점도 나쁘지 않습니다. 경쟁기업의 수가 적으면 담합의 여지도 있기 때문입니다.

경쟁자들이 서로 물고 물리는 치열한 싸움이 벌어지는 완정 경쟁 상태에서는 텐배거가 나오지 않습니다. 따라서 경쟁자들을 모두 물리치고 적어도 과점환경, 더 나아가 독점적인 경영환경을 만들어내는지도 턴어라운드의 체크포인트가 됩니다.

턴어라운드 종목은
차트를 통해서도 선별할 수 있다

　차트가 모든 것을 말해주는 것은 아닙니다. 그러나 차트를 통해 턴어라운드 종목을 찾을 수 있는 것도 사실입니다. 턴어라운드 과정 중에 있는 주식들은 투자자들의 관심에서 사라져 거의 무시된 채 방치되는 과정을 거칩니다. 이때 턴어라운드에 관심 있는 투자자들은 그 기업의 구조조정 과정을 지켜보면서 서서히 매집해나가죠. 그러면서 주가 움직임은 장기 횡보하는 모습을 보입니다. 그러다 본격적으로 턴어라운드의 성과가 나타나면 장기 횡보하던 주가가 급등하면서 일시에 시세 분출이 이루어지는 경우가 있습니다.

　차트로 찾는 텐배거 종목의 사례로 분자진단업체 씨젠이 있습니다. 씨젠은 분자진단업체 중 세계 최고의 기술을 보유하고 있었음에도 실적이 뒷받침되지 못해 장기 횡보하는 모습을 보였습니다. 기술력에 실적만 뒷받침되면 퀀텀 점프Quantum Jump(대약진)가 가능한 종목이었죠. 그러다 코로나 팬데믹을 계기로 진단키트 매출이 급격이 늘어나면서 시세 분출이 있었고 짧은 시간에 텐배거가 되었습니다.

차트를 통해 종목을 찾을 때 살펴야 하는 것은 3가지입니다. 첫째, 장기 횡보가 나타나야 하고, 둘째, 그 기간에 회사가 도산하는 일이 없어야 하며, 셋째, 시세가 상승할 때 거래가 급증해야 합니다. 이런 조건이 갖추어진 종목을 찾아보는 연습을 해보기 바랍니다.

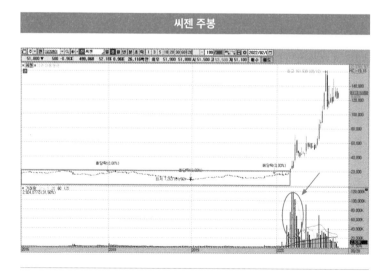

씨젠 주봉

04

턴어라운드와
텐배거 종목

턴어라운드에 성공한 사례는 많지 않습니다. 그러나 극적으로 턴어라운드에 성공하고 텐배거에 입성한 대표적인 종목으로 삼성전기가 있습니다.

삼성전기는 전기재료업체로 다품종 소량생산을 하는 구조를 가지고 있던 회사였습니다. 많은 고객을 보유하고 있고 고객들이 원하는 제품이면 돈이 되지 않더라도 만들어 납품하는 사업구조였던 것이죠. 이런 사업은 규모의 경제가 발생하지 않아 수익성이 좋아지질 않습니다. 그래서 삼성전기는 삼성그룹의 주요 계열사 중 IMF 이후 주가 회복이 가장 늦은 회사였습니다.

그러던 중 삼성전기는 회사의 사업구조를 조정하기로 결단하고, '3대 기술, 8대 제품'을 중심으로 제품라인 슬림화를 시도했습니다. 그 이후 본격적으로 규모의 경제가 발생하고 실적도 극적으로 호전되면서 주가가 상승했습니다.

삼성전기의 경우는 잘 알려지지 않았지만 기업구조조정을 통해 턴어라운드를 한 사례입니다. 2006년 사업구조조정 이후 주가가 극적으로 상승하는 모습은 다음과 같습니다.

삼성전기처럼 사업구조조정에 성공하고 턴어라운드한 성공사례로 효성도 있습니다. 효성은 IMF외환위기를 거치면서 방만하게 운영되던 계열사인 효성물산, 효성중공업, 효성생활산업을 1998년 11월에 합병하는 결단을 했습니다. 합병을 하면 후선부서를 통합할 수 있어 인건비를 절감할 수 있고, 합병한 기업들

삼성전기 월봉

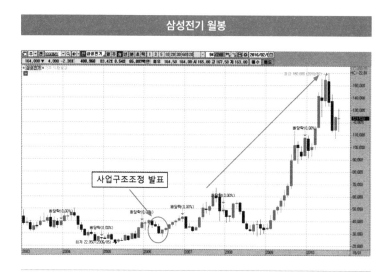

간의 시너지 효과를 통해 사업효율을 높일 수 있는 장점을 가지고 있습니다.

효성은 3개 계열사를 합병한 후 뼈를 깎는 구조조정을 통해 고수익 부분에 사업역량을 집중했습니다. 그 결과 2000년 이후 회사의 수익성이 개선됐고, 부담이 됐던 차입금도 상환을 통해 해결할 수 있었으며, 이후 중공업, 화학, 섬유, 건설 등 전 사업 부분이 고른 실적을 거두면서 위기에서 벗어나는 모습을 보였습니다. 그 과정에서 주가가 어떻게 움직였는지 차트를 통해 확인할 수 있습니다.

턴어라운드 종목 중 사업구조조정을 통해서 정상화되는 기업도 있지만, 제품포트폴리오 개선을 통해 새로운 성장동력을 장

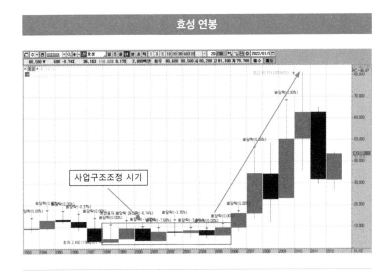

효성 연봉

착하면서 환골탈태하는 기업도 있습니다. 처음에는 그렇고 그런 기술을 가진 기업이었는데, 새롭게 개발한 사업에서 큰 수익이 나는 기업이 되는 것이죠.

그 대표적인 기업으로 전자담배기기를 생산·판매하는 이엠텍이 있습니다. 이엠텍은 전기전자 부품을 제조하는 기업이었는데 2018년 전자담배기기 사업에 뛰어들었습니다. 본업에서 안정적인 수익이 발생하고 있지만, 소비자들이 궐련형 담배에서 전자담배로 이동함에 따라 새로운 동력으로 떠오른 전자담배시장으로 사업의 중심이 옮겨가면서 큰 폭의 주가 상승을 보이고 있습니다. 주목해서 봐야 할 사례 중 하나입니다.

이엠텍 월봉

7장

내 앞에 텐배거 종목이
나타난다면

01

업계 고수도 알려주지 않는
텐배거 종목 매수와 손절매 타이밍

실제로 주식시장에서 텐배거 종목을 샀더라도 그 시세를 모두 취하는 것은 말처럼 쉬운 일이 아닙니다. 속된 말로 바닥에서 사서 발목에서 팔고 나오는 사람이 많습니다. 종목을 잘 고르면 뭐 하나요? 그 시세를 모두 거둘 수 없다면 그건 아무것도 아닌 게 되는 셈입니다. 그래서 여기서는 투자자들의 관심사항인 텐배거 시세를 모두 취하는 방법을 알아보겠습니다.

텐배거를 취하기 위해 주식투자자들이 반드시 마음에 새겨야 하는 명제는 '매매의 기본은 손실은 짧게, 수익은 크게'입니다. 이를 위해 투자자 여러분에게 주식투자에 대한 생각을 먼저 물어보고 싶습니다. 다음의 명제에 대해 어떤 생각을 가지고 있나요?

① 주식은 오를 때 사고, 내릴 때 판다.
② 주식은 내릴 때 사고, 오를 때 판다.

위 두 방법 중에서 투자자들은 어떤 방법으로 매매를 하고 있을까요? 의외로 많은 사람이 '② 주식은 내릴 때 사고, 오를 때 판다'에 손을 드는 경우가 많습니다. 하지만 주식투자는 오를 때 사고, 내릴 때 팔아야 제대로 된 매매 방법입니다. 그 이유를 알아보겠습니다.

증시 격언에 '주식은 무릎에서 사고, 어깨에서 판다'는 말이 있습니다. 다음 그림을 보면, 주식은 오를 때 사고 내릴 때 판다는 의미를 알 수 있을 겁니다.

그림에서 보듯, 왼쪽 무릎에 사고, 오른쪽 어깨에 팔아야 주식 매매의 기본인 '손실은 짧게, 수익은 크게'를 실현할 수 있습니다. 그런데 이 격언에 숨겨진 진짜 의미가 있는데요. 바로 주식을 매수하면 그 주식의 정점인 상투를 확인하라는 겁니다. 그림에서 사람 머리에 살포시 솟아 있는 부분이 바로 상투입니다.

문제는 '매수한 가격이 과연 무릎에 해당하는가'입니다. 혹시 허리나 어깨, 아니면 상투에서 매수한 것이 아닌지 걱정이 되기도 하죠. 따라서 수익을 실현하는 것보다 더 앞선 매매법은 바로 손절매Loss Cut입니다. 역설적이게도 손절매를 잘해야 수익을 잘 낼 수 있습니다.

손절매는 원칙을 세우고 원칙대로 실행해야 하는 매우 어려운 일입니다. 행동경제학에서는 사람들이 손실을 실현하지 못하는 원인을 다양한 이론을 통해 설명하고 있습니다. 그러나 손절매를 제대로 하지 못하면 수익을 크게 할 수 없습니다. 예를 들어 매수한 이후 10% 정도 하락하면 손절매를 한다고 원칙을 세웠다면, 반드시 (-)10%에서는 손절매를 실행해야 합니다. 그렇지 않으면 손실 폭이 커져 만회의 기회를 찾기 어려워집니다. 예를 들어 50%의 손실이 발생하면 100%의 수익이 나야 본전이 되므로 손실 만회에 급급하다 수익을 내는 것은 먼 나라 얘기가 될 수 있습니다.

손절매를 잘할 수 있게 되었다면 그다음으로 중요한 것은 수

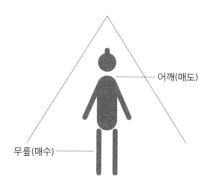

익을 실현하는 방법입니다. 예를 들어 주식을 매수한 이후 수익을 챙기는 과정을 설명하면 다음과 같습니다.

① 10%의 수익이 발생하면 이때는 '감사합니다' 하면서 매도하는 것이 아니라, 본전에 팔겠다고 생각해야 합니다.

② 20%의 수익이 발생하면 10%의 수익만 실현하겠다고 생각해야 하고요.

③ 50%의 수익이 발생하면 40%의 수익만 실현하겠다고 생각해야 합니다.

④ 100% 수익이 발생하면 80%의 수익만 실현하겠다고 생각하면 되고요.

⑤ 수익이 더 커지면 적절한 수익실현 포인트를 만들어서 상투를 확인하고 머리 아래 어깨에서 매도한다는 생각으로 매매에 임하면 됩니다. 예를 들어 10배 수익이 나면 8배만 실현하겠다고 편하게 마음먹는 거죠. 이런 과정을 통해 '매매의 기본인 손실은 짧게, 수익은 크게'를 실현할 수 있게 됩니다. 이렇게 해야 텐배거를 만났을 때 오롯이 그 시세를 모두 취할 수 있게 됩니다.

심리적 리스크를
어떻게 관리할 것인가?

주식투자를 하다 보면 심리적으로 안정된 상태가 유지되어야 큰 시세를 취할 수 있습니다. 흔히 주식투자를 경제이해력의 싸움으로 생각하는 경우가 많은데요. 물론 어느 정도 경제에 대한 이해가 필요한 것은 사실입니다. 그러나 경제를 잘 안다고 하더라도 심리적인 안정을 유지하지 못하면 실패를 맛볼 가능성이 큽니다. 심리적으로 안정된 상태를 유지하는 방법은 다음과 같습니다.

① 절대 남의 돈으로 투자하지 않는다

남의 돈으로 투자를 하게 되면 언젠가는 갚아야 합니다. 특히 만기가 짧은 대출을 이용하는 경우 대출만기에 대한 부담으로 심리적 불안이 커지는 경우가 많습니다.

주가는 기업가치를 대변하는 지표입니다. 그런데 기업가치는 하루아침에 바뀌는 것이 아닙니다. 지금까지 살펴본 사례를 보더라도 기업가치는 적어도 3년~5년 정도의 기간을 두고 서서히 변해갑니다. 만약 어느 기업이 수개월 내에 기업가치가 급격히 변하는 일이 발생했다면 그 원인은 부도나 내부자의 횡령 사건이 발생했을 가능성이 큽니다. 즉 기업가치에 나쁜 영향을 주는 변수는 단기에 반영되지만, 좋은 방향의 기업가치는 긴 시간을 두고 반영됩니다. 맛있는 밥이 만들어지기 위해서는 뜸 드는 시간이 필요한 것과 마찬가지입니다.

이런 상황에서 남의 돈을 빌려서 투자하게 되면 조급한 마음에 제대로 된 투자를 할 수 없게 됩니다. 따라서 진정으로 텐배거를 만나고 싶은 투자자라면 적어도 남의 돈으로 투자해서는 좋은 결실을 맺기 어렵다는 점을 기억해야 합니다.

② 내 생활에 전혀 영향이 없을 정도의 돈을 투자한다

텐배거를 만나기 위해서는 투자자금의 규모가 너무 커서도 안 됩니다. 예를 들어 투자한 돈을 모두 잃게 되었을 때 내 삶이 궁핍해진다면, 이 또한 심리적 안정을 해치는 요인이 됩니다. 또한 꼭 삶이 궁핍해지지는 않더라도 하루하루 시세 변동에 따라 자동차 배기량이 바뀐다든지 아파트 평수가 바뀌는 규모의 투자금으로 투자하면 시세 등락에 단기적으로 대응하게 될 가능성이 큽니다.

따라서 그 돈을 모두 잃더라도 내 생활에 전혀 영향이 없을 정도의 자금 규모로 투자하는 것이 좋습니다. 그 돈의 규모가 5백만 원이든, 1천만 원이든 심리적으로 흔들리지 않을 정도의 돈으로 투자해야 기업가치가 변해나가는 과정에서 나타나는 극적인 주가하락이나 장기간 횡보하면서 나타나는 조급증 등을 이겨나갈 수 있습니다.

이처럼 텐배거에 투자하는 과정 중에 나타나는 심리불안 상태를 해결해야 성공적으로 시세를 취할 수 있습니다.

지금 시작하는 투자자가 놓치기 쉬운
텐배거에 대한 5가지 진실

경기회복기에는 모든 것이 암울하다

텐배거 주식을 사는 가장 좋은 시점은 주식시장이 극심한 침체를 보이거나 금융위기나 9·11테러와 같은 외부충격이 발생해서 주가가 급락할 때입니다. 얼마나 싸게 주식을 샀느냐에 따라 수익률이 달라지는 것은 당연합니다. 그러나 사실 경기침체기에 주식을 사는 것은 큰 용기가 필요한 일입니다.

외부충격이 발생하는 건 그 누구도 알 수 없는 일이므로 사건이 발생하면 추이를 보면서 대응해야 합니다.

경기와 주식시장의 움직임을 '다우이론'을 통해서 살펴보겠습

주추세의 진행과정

[강세시장]   [약세시장]

매집국면(강세1국면)   ◄────────   침체국면(약세3국면)

        │   ▲

상승국면(강세2국면)   공포국면(약세2국면)

        │   ▲

과열국면(강세3국면)   ────────►   분산국면(약세1국면)

니다. 찰스 다우Charles Dow는 주식시장의 주추세를 강세시장과 약세시장으로 구분하고 추세가 순환하는 과정을 설명하면서 각각의 시장을 다시 3개의 국면으로 나누어 시장을 판단했습니다. 주추세의 진행 과정을 그림으로 표현하면 위와 같습니다.

우선 강세시장의 국면별 특징을 살펴보겠습니다.

① 매집국면

강세시장의 초기 단계로, 전체 경제 및 시장 여건이 불리한 상황이며, 주가가 수평적으로 횡보하는 움직임을 보입니다. 기업환경이 회복되지 못하여 장래에 대한 전망이 어둡다는 특징이 있으며, 경제지표에 실망한 다수의 투자자는 오랫동안 지속된 약세시장에 지쳐서 매입자만 있으면 매도해버리려고 합니다. 그러나 전문투자자들은 일반투자자들의 실망매물을 매입하려는 경향이 생기므로 거래량은 약간씩 증가하게 됩니다.

② 상승국면

강세시장의 두 번째 국면은 상승국면으로 주가가 지속적으로 상승하는 모습을 보입니다. 이때는 경제지표와 같은 통계수치가 호전되면서 일반투자자들의 투자심리가 개선되어 주가가 상승하고 거래량도 증가하게 됩니다. 이 국면에서는 기술적 분석에 따라 주식투자를 하는 사람이 가장 많은 투자수익을 올릴 수 있는 국면입니다. 왜냐하면 시장이 추세를 가지고 움직이기 때문입니다.

③ 과열국면

상승국면에서 많은 일반투자자가 시장에 군집하여 거래를 하기 때문에 주가가 지나치게 상승하여 과열을 보이는 국면입니다. 이 국면에서는 전체 경제 및 기업수익 등이 호조를 보이고, 주가 상승으로 자금을 확보하기 위해 기업들의 유상증자가 많아집니다. 그리고 투자자들의 급격한 유입으로 거래량이 급격하게 증가하는 현상을 보입니다. 보통 주식투자 경험이 없는 사람들은 이때 확신을 가지고 적극 매입에 나서는데, 이때의 매수자는 손해를 볼 수 있기 때문에 각별히 조심할 필요가 있는 시점입니다.

다음으로 약세시장에서 나타나는 3가지 국면을 알아보겠습니다.

① 분산국면

약세국면의 첫 번째는 분산국면입니다. 과열국면에서 시장의 과열을 감지하고 경제활동의 둔화에 대비한 전문투자자가 보유하고 있는 주식을 점진적으로 처분하는 국면입니다. 분산국면에 접어들면서 주가 추세선의 기울기가 점차 완만해지고 주가가 조금만 하락해도 거래량이 증가하는 현상을 보입니다. 이때 거래량이 늘어나는 이유는 그동안 주가의 상승으로 추격매수를 하지 못했던 일반투자자들이 시장의 조정을 보고 주식매수에 나서기 때문입니다.

② 공포국면

두 번째 공포국면에서는 일반투자자의 매입 세력이 크게 위축되고, 매도 세력이 늘어나면서 주가가 크게 하락합니다. 이 국면에서는 경제지표 등 통계수치가 점차 나빠짐에 따라 일반투자가들이 보유하고 있는 주식을 처분하려고 하지만 매수하는 주체가 없기 때문에 거래량이 크게 줄고 주가도 급락하는 모습을 보입니다. 공포국면에서도 개인투자자들이 자신감을 가지는 이유는 주가 하락 시 물타기 전략에 나설 의향이 있기 때문입니다.

③ 침체국면

세 번째 침체국면은 주가추세선의 하향하는 기울기가 매우 완만해지지만 매도 세력이 여전히 시장을 지배하고 있기 때문에 주가가 크게 하락하거나 상승하지 못하는 침체상태를 보이는 국면입니다. 공포국면에서 미처 주식을 처분하지 못한 일반투자자들의 실망매물이 출회하기 때문에 투매가 나타나는 것이 특징이며, 투매 현상이 나타남에 따라 주가는 계속 하락하지만 시간이 경과할수록 주가의 낙폭은 작아지게 됩니다.

각 국면에서 주식투자에 능한 전문투자자와 주식투자를 제대로 하지 못하는 일반투자자의 행동양식이 달라지는 것을 볼 수 있는데, 그것을 정리해보면 다음과 같습니다.

일반투자자들은 각 국면에서 전문투자자들과 다소 다른 심

시장국면 투자자	강세시장			약세시장		
	매집국면	상승국면	과열국면	분산국면	공포국면	침체국면
일반투자자 전문투자자	두려움 자신감	두려움 자신감	자신감 두려움	자신감 두려움	자신감 두려움	두려움 자신감
투자전략	–	점차매도	매도	–	점차매수	매수

국면별 전문투자자와 일반투자자의 심리와 투자전략

리상태를 보입니다. 시장에는 공포와 탐욕이 존재한다고 했던 것과 관련하여 보면 일반투자자들은 시장의 각 국면에서 공포-탐욕의 상황에 빠져들게 되고 전문투자자들은 일반투자자들과는 달리 비교적 장세 분위기에 합당한 이성적인 투자심리를 보인다고 볼 수 있습니다.

이런 모습을 보면서 그랜빌Joseph E. Granville이란 사람은 다우이론을 통해 다음과 같은 투자전략을 제시했습니다. 즉 매수는 약세 2국면인 공포국면에서부터 점차 매수해서 약세 3국면인 침체국면에서 매수를 완료해야 하고, 매도는 강세 2국면인 상승국면에서 시작해 강세 3국면인 과열국면에서 매도를 완료해야 한다는 것입니다.

경기침체기를 지나 경기회복기 초입에는 경제지표들도 좋지 않고 주식시장의 투자심리도 암울한 상태입니다. 그러나 바로 이럴 때가 텐배거를 선점할 좋은 기회라는 점을 잊어서는 안 됩니다.

텐배거 종목은 뉴스가 아니라 독서에서 나온다

주식투자자들이 범하는 잘못 중 하나는 책을 잘 읽지 않는다는 겁니다. 매일 나오는 뉴스에 신경을 뺏겨 진짜 정보를 얻을 수 있는 독서는 등한시하는데, 이것은 돈은 벌고 싶지만 돈을 벌 수 있는 공부는 제대로 하지 않는 것과 마찬가집니다.

주식시장에서 정보의 가치를 따져보면 다음과 같습니다.

① 투자자들 모두가 알고 있는 정보의 가치는 '0'입니다.
② 정보가 가치를 지니려면 나만 알고 있고 그 정보가 진실해야 합니다. 이런 정보가 바로 돈이 되는 정보입니다.

주식시장에 흘러 다니는 정보는 나만 알고 있기도 힘들고, 내가 가장 진실한 정보를 가지고 있다고 하기도 힘듭니다. 왜냐하면 주식시장에서 가장 정확한 정보를 가장 많이 알고 있는 사람은 바로 회사 내부자들이고 그중에서도 최고경영층이기 때문입니다. 그러므로 주식시장에서 흘러나오는 뉴스는 진정한 텐배거를 만날 수 있는 정보는 아닙니다.

주식투자는 상식에 기반한 투자를 하는 것이 가장 올바른 길입니다. 상식을 익히고 넓히는 길은 여러 분야에 걸쳐 독서를 하는 겁니다. 현재 우리 사회에서 나타나는 현상을 설명한 책, 미래사회는 어떤 모습을 보일 것인지를 다룬 미래사회에 대한 책, 앞으로 나타나고 또 상용화가 가능한 새로운 기술에 관한 책, 국제사회의 역학관계에 관한 책, 인간이 어떤 행동을 보이는지를 다룬 인간심리에 대한 책 등 모든 분야의 책이 주식투자에 도움을 주는 책입니다.

책을 읽으라고 하면 주식투자 기법에 대한 책이나 재테크 관련 책들을 읽는 경우가 많은데 그런 책에서는 텐배거를 발견할수 없습니다. 텐배거를 만나는 것은 폭넓은 상식을 바탕으로 미래에 대한 상상의 나래를 펼치면서 종목을 발굴해야 가능한 일입니다. 그러니 지금 당장 독서를 시작해봅시다.

소비자의 입장과 투자자의 입장을 혼동하지 말라

텐배거를 고를 때 기업에 대해 어떤 생각으로 접근하느냐가 매우 중요합니다. 예를 들어 다음 두 가지 형태의 기업 중 여러분은 어떤 기업의 주식을 사겠습니까?

① 좋은 물건을 싸게 파는 기업
② 나쁜 물건을 비싸게 파는 기업

이런 질문을 받으면 많은 사람은 ① 좋은 물건을 싸게 파는 기업의 주식을 사겠다고 대답합니다. 그러나 이는 잘못된 대답입니다. 생각해보면 좋은 물건을 비싸게 팔아야 당연히 기업이 수익을 내겠죠. 좋은 물건을 싸게 파는 기업은 수익성이 떨어지므로 결코 좋은 주식이 될 수 없습니다. 그런데도 이런 기업을 선택한 사람들은 소비자 입장에서 기업을 바라보고 있는 것입니다.

소비자 입장에서는 당연히 좋은 물건을 싸게 파는 기업이 좋은 기업이죠. 하지만 주식투자를 할 때는 소비자 입장이 아니라 주주 입장에서 기업을 바라봐야 합니다. 따라서 ② 나쁜 물건을 비싸게 파는 기업이 주식투자자에게는 더 좋은 기업이 됩니다. 나쁜 물건을 비싸게 팔 수 있다는 것은 그 기업이 독점 상태에서 영업을 하고 있다는 것이니까요. 물건이 나쁘고 비싸더라도 그 회사의 제품밖에 없으면 수요가 발생할 수밖에 없습니다.

조금 극단적인 예를 들었지만, 주식투자를 할 때는 철저히 주주의 마인드 내지는 사업가의 마인드에서 기업을 바라봐야 그 기업의 수익성이나 미래 성장 가능성을 정확히 꿰뚫어볼 수 있습니다.

텐배거를 찾을 때도 사업가의 눈으로 봐야 종목이 보입니다. 나쁜 물건을 비싸게 파는 기업에 대해 소비자들은 비난하는 마음을 가지게 됩니다. 그러면 종목에 대해 나쁜 인상이 형성되어 선 듯 매수에 나서지 못하게 되죠. 따라서 소비자 입장에 서느냐, 주주 또는 사업가 입장에 서느냐에 따라 텐배거 종목을 고를 수 있느냐, 그렇지 못하냐가 결정된다는 점을 반드시 기억해야 합니다.

실적이 본격적으로 좋아지면 때는 늦는다

사자성어에 낭중지추囊中之錐라는 말이 있습니다. 이 말은 '주머니 속의 송곳'이라는 뜻으로, 뾰족한 송곳은 가만히 있어도 반드시 뚫고 삐져나오듯이 뛰어난 재능을 가진 사람은 남의 눈에 띈다는 뜻입니다.

기업에도 마찬가지로 낭중지추와 같은 기업이 있습니다. 뛰어난 기술력이나 핵심역량을 가진 기업은 언제든지 텐배거가 될 수 있는 조건을 갖춘 기업입니다.

그러나 기업가치가 본격적으로 커지는 데는 상당한 시간이 걸릴 수 있습니다. 문제는 그런 기업의 실적이 본격적으로 좋아지는 때에 매수하면 이미 텐배거의 기회를 놓친 거라는 사실입니다. 그래서 낭중지추와 같은 종목은 미리미리 매수해두는 것이 좋습니다.

투자할 때마다 성공해야 한다고 생각하는 사람은 없을 겁니다. 예를 들어 프로야구 선수 중 타자들은 3할대 타율이면 매우 잘하는 선수로 평가받습니다. 3할이면 10번 타석에 나가서 3번 정도 안타를 친다는 얘깁니다. 야구를 본업으로 매일 피나는 연습을 해도 10번 중 3번 안타를 치는데 주식투자를 해서 매수할 때마다 수익을 낸다는 것은 불가능한 얘깁니다. 그래서 여러 종목을 연구하고 매수해서 그중에 텐배거가 나오면 행운인 것이고, 그렇지 않으면 내 생각에서 어디가 잘못됐는지 다시 수정해서 종목을 찾는 노력을 반복하는 것이 성공투자의 과정입니다.

투자의 현인 워런 버핏의 스승인 벤자민 그레이엄Benjamin Graham은 1930년대 『증권분석』이라는 책을 출간해서 가치투자의 아버지란 별명을 얻은 사람입니다. 그레이엄은 주식투자에 대해 이렇게 말했습니다.

"본질가치에 비해 저평가된 주식을 사서 그 주가가 본질가치에 접근할 때 팔아라. 그런데 3~5년 정도를 기다려도 주가가 본질가치에 접근하지 못한다면 그건 내 생각이 틀린 것이다."

그만큼 제대로 된 종목을 고르는 것이 힘든 과정이라는 뜻입니다.

기술력이 뛰어나고 남들이 갖지 못한 핵심역량을 가진 주식은 언제든 그 가치를 발휘하게 됩니다. 그리고 그 가치가 실현되어 본격적으로 실적이 좋아지면 이미 주가가 올라 수익률이 기대에 못 미치는 경우가 많습니다.

그래서 그런 종목을 찾아 실적이 본격화되기 전에 미리 주식을 사야 합니다. 항상 남들보다 먼저 움직여야 텐배거를 내 손에 넣을 수 있습니다.

유통시장보다는 발행시장 동향에 주목하라

주식투자는 거래소시장에 상장된 주식으로만 이루어지는 것은 아닙니다. 주식은 주식회사가 발행하는 지분증권으로 상장되지 않은 주식회사의 주식에도 투자가 가능합니다. 사실 거래소 시장으로 대표되는 유통시장에서 주식을 매수해서 텐배거를 찾는 것보다 상장되어 있지 않은 주식에 투자해서 그 기업이 거래소시장에 상장될 때 더 큰 수익이 발생한다는 것을 경험으로 알 수 있습니다.

예를 들어 2021년 8월에 상장된 카카오뱅크를 초기에 투자한 금융사들은 액면가인 5천 원에 주식을 샀습니다. 그런데 카카오뱅크가 상장을 위해 공모를 할 때 공모가격은 3만 9천 원이었으니 8배에 조금 못 미치는 수익을 확보했고 이 주식이 상장된 이후 주가가 9만 4천4백 원까지 치솟았으니 엄청난 수익을 낼 수 있었습니다.

유망한 기업이라 할지라도 창업 초기에는 제대로 사업자금을 확보하지 못하는 경우가 많습니다. 그런 기업에 대해 엔젤투자를 하는 것도 텐배거 투자의 방법이 될 수 있습니다. 엔젤투자란 개인들이 돈을 모아 벤처기업 등 신생기업에 필요한 자금을 대주고 그 대가로 주식을 받는 투자 형태를 말합니다. 다만 엔젤투자는 투자한 기업이 성공적으로 상장해서 기업가치가 올라가면 수십 배 이상의 이득을 얻지만, 만약 실패하면 투자액의 대부분이 손실로 확정되는 고위험-고수익 투자라는 점을 기억해야 합니다.

엔젤투자뿐 아니라 이미 설립되어 사업을 하고 있으면서 주식시장에 상장을 시도하는 기업에 투자하는 것도 가능합니다. 한국거래소의 코넥스시장에 상장된 기업 중 유망한 기업을 찾거나 금융투자협회에서 개설한 K-OTC시장에 등록된 기업 중 유망한 기업을 찾는 것도 텐배거를 발굴하는 방법이 될 수 있습니다.

8장

내 투자성향에 맞는
텐배거 종목을 찾아보자

01

투자성향별
텐배거 투자법

    투자자들의 공통적인 희망은 텐배거 종목을 발굴해서 큰 수익을 얻는 것입니다. 그러나 투자자의 투자성향에 따라 텐배거를 바라보는 시각이 달라질 수 있습니다. 예를 들어 적자가 난 기업은 절대 투자하지 않는다는 원칙을 세우고 있는 투자자가 있는 반면, 다른 투자자는 어느 정도의 적자를 감수하더라도 이후 큰 수익이 가능하다면 기꺼이 적자기업에도 투자하는 투자자도 있습니다. 투자 기간에 따라서도 장기투자를 해도 그 시간비용을 감내할 수 있는 투자자가 있는 반면, 장기보다는 단기에 승부를 보고자 하는 투자자도 있습니다.

    각각의 투자성향에 따른 텐배거 종목을 찾는 과정을 도표를

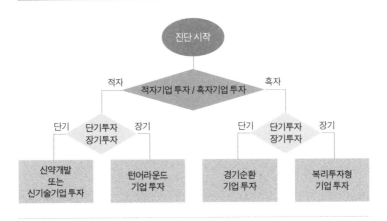

투자성향별 텐베거 투자법 진단

진단 시작

적자기업 투자 / 흑자기업 투자

적자 / 흑자

단기 · 단기투자 장기투자 · 장기

신약개발
또는
신기술기업 투자

턴어라운드
기업 투자

경기순환
기업 투자

복리투자형
기업 투자

통해 알아봅시다. 위의 도표를 따라 자신의 투자성향을 확인해
보기 바랍니다.

① 복리투자형 기업 성향

복리투자형 기업이란 높은 수익성이 발생하고 있고 그 상태
가 장기간에 걸쳐 나타나는 기업을 말합니다. 복리투자형 기업
은 라이프사이클이 긴 제품이나 서비스를 제공하는 기업에서
나옵니다. 복리투자형 기업에 맞는 투자성향을 가진 투자자는
콘트라티에프 파동의 초기에 나타나는 선도기업 중에서 텐배
거 종목을 고르는 것이 좋습니다.

복리투자형 기업을 선별하기 위해서는 우리가 사는 세계가

어떻게 변해나가는지, 그리고 소비자들의 소비패턴은 어떤 방향으로 움직이는지, 우리 삶을 혁신적으로 바꿔줄 미래의 기술은 어떤 것이 있는지에 대한 통찰이 필요합니다. 그리고 이런 기업에 투자하기 위해서는 단기적인 시세 흐름에 현혹되지 않고, 흔들림 없이 장기투자가 가능한 자금으로 저축하듯이 투자해야 장기에 걸친 큰 시세를 취할 수 있습니다.

앞서 예를 든 기업들로 보면, 모바일 혁명의 선두에 섰던 애플, 우리나라 반도체 혁명의 최전선에서 기록적인 장기수익률을 기록한 삼성전자, 인터넷 시대의 선두주자인 국내의 네이버, 미국의 구글과 같은 기업, 녹색 혁명과 관련해서 2차전지와 ESS에 강점을 가진 삼성SDI와 같은 종목이 복리투자형 기업 성향에 맞는 투자대상입니다.

② 순환장세에 파도를 탈 수 있는 성향

순환장세에 파도를 탈 수 있는 성향은 적자가 발생하는 기업에는 투자할 수 없는 상태에서 비교적 단기간에 수익을 확보하려는 성향을 말합니다. 이런 성향의 투자자는 경기순환형 기업에 투자하는 것이 적절합니다.

일반적으로 경기순환은 키친 파동을 따라 움직이는 경우가 많습니다. 키친 파동은 3~5년 정도로, 평균 4년 정도의 기간을 가지고 나타나는 파동을 말합니다. 특히 경기순환을 이용해서 투자에 나서려고 하는 투자자는 다른 투자자들이 주식시장을 거들떠보지도 않는 경기침체기에 미리 종목 선정에 나서야 합니다.

경기순환 초기에는 서서히 원자재 등 물동량이 늘어나고 경기회복 초기에 수요가 집중적으로 일어나는 경기민감산업에 주목해야 합니다. 물동량의 증가와 관련해서는 운송업종이 제격입니다. 운송은 육상운송, 해상운송, 항공운송 등으로 구분되지만 그중 가장 많은 물동량을 소화하는 것은 해상운송입니다. 그래서 경기회복 초기에는 해상운송, 그중에서도 벌크선사에 먼저 투자하고 곧이어 컨테이너선사를 공략하는 것이 좋습니다. 그리고 경기회복 초기에 소재산업에 속한 기업들에 주목해야 하는데, 산업의 기초가 되는 제품인 석유화학업종, 철강업종 등에 주목해서 종목을 선정해야 합니다.

특히 순환장세에 대응하는 투자자들은 투자 기간이 상대적으로 짧으므로 적절한 매도 타이밍을 찾는 것이 중요합니다. 급등한 이후 급락하는 시세를 이해하지 못하면 다 잡았던 물고기를 놓치는 사태가 발생할 수 있습니다.

③ 위험을 크게 부담할 수 있는 턴어라운드 공략 성향

투자자들 중에는 어느 정도 적자가 발생하더라도 부도위험이 없는 기업에 투자하는 것도 마다하지 않는 다소 공격적인 투자자가 있습니다. 이들 중 비교적 장기에 걸쳐 투자할 의향이 있는 사람들은 턴어라운드 종목을 찾아보는 것이 좋습니다.

턴어라운드를 이루는 기업의 대부분은 단기 내지는 중기적으로 적자를 모면하기 어려운 상황에 있습니다. 그리고 본격적으로 턴어라운드가 이루어지기 위해는 어느 정도의 기간이 필요한 것도 사실입니다.

턴어라운드 기업 성향의 투자자들은 본인이 관심을 둔 기업을 지속적으로 모니터링해야 합니다. 기업이 극적으로 체질을 바꾸고 성장기업으로 변신하기 위해서는 쉽지 않은 과정을 넘어서야 합니다. 그러나 턴어라운드에 성공하면 큰 수익을 낼 수 있습니다.

턴어라운드를 확인하기 위해서는 비용통제는 잘하고 있는지, 새로운 동력으로 작용할 사업부는 준비가 되고 있는지, 새로운 시장을 개척할 준비는 되어 있는지 등을 꼼꼼히 살펴야 합니다. 그런 다음 투자에 나선다면 성공 가능성이 높습니다. 그러나 상황이 변하면 언제라도 과감하게 투자철수를 결정해야 합니다. 자칫 부실기업에 자금이 묶이고 더 나아가 손실이 눈덩이처럼 커지는 불행도 맞이할 수 있기 때문입니다.

④ 신약 개발 기업, 신기술 개발 기업 등 벤처투자 성향
적자가 난 기업에 투자할 수 있고, 투자성과가 단기간에 나기

를 바라는 사람도 있습니다. 이들은 고위험-고수익을 추구하는 공격적 투자 성향을 가진 사람들입니다.

이들에게 맞는 텐배거 후보군은 신약 개발 능력이 있는 바이오제약업종이나 전혀 새로운 기술을 개발할 수 있는 신기술개발 기업과 같은 벤처기업입니다. 특히 바이오제약업종에는 최근 희귀질환에 대한 신약, 표적항암제, 면역항암제와 같은 신약 개발에 도전하는 기업이 많습니다. 그런데 신약 개발은 동물임상과 인체임상이라는 쉽지 않는 과정을 거쳐야 합니다. 신약 개발을 눈앞에 두고 임상결과가 좋지 않아 신약 개발을 포기하는 경우도 심심찮게 발생하므로 위험도가 큰 투자대상입니다. 아주 낮은 확률이지만 신약 개발에 성공하고 그 기술을 글로벌 대형제약사에 수출하면 엄청난 규모의 수익이 가능한 사업이기도 합니다.

벤처투자 성향의 기업에 투자하고자 하는 투자자는 많은 공부가 필요합니다. 관련분야의 기술적인 사항은 물론이고, 학계와 업계의 연구동향, 연구성과에 대한 추이 등을 계속해서 점검하고 확인해야 성공확률을 높일 수 있습니다.

고위험-고수익 투자는 전체 과정을 통제할 수 있는 상황에서 이루어져야 합니다. 즉 통제 가능한 자금 규모, 통제 가능한 정보 전달 그리고 언제든 손실관리를 할 수 있는 용기 등을 갖추고 있어야 가능한 투자방법입니다.

하나의 투자 성향을 가진 사람도 있지만, 복수의 투자 성향을 가진 사람도 있을 수 있습니다. 장기적으로는 복리투자형이지만, 일정부분에서는 벤처투자 성향을 갖는 사람도 있을 수 있죠. 이런 경우에는 투자 비중을 잘 조절하는 것이 필요합니다. 비교적 안전한 투자에 많은 자금을 배분하고, 위험한 투자에는 관리 가능 수준을 높이기 위해 투자 비중을 낮춰 투자하는 겁니다. 이처럼 투자위험별 포트폴리오 구성이 가능합니다. 무엇보다 자신의 투자성향을 바르게 알고 투자해야 성공할 수 있습니다.

02

우리나라에서 찾을 것인가,
해외에서 찾을 것인가?

최근에는 국내주식에만 국한되지 않고 해외투자도 자유자재로 하는 사람들이 늘어나고 있습니다. 따라서 텐배거 종목을 반드시 우리나라 안에서만 찾을 필요는 없습니다. 요즘 투자자들 중에는 전 세계의 유니콘 기업을 찾아 나서는 사람도 많습니다.

나라 구분 없이 유니콘 기업의 탄생에 주목

유니콘 기업이란 기업가치가 10억 달러(1조 원)를 넘는 비상장 스타트업을 전설 속의 동물인 유니콘에 비유한 말입니다. 원래 유니콘은 머리에 뿔이 한 개 나 있는 전설 속의 동물로 말 형상을 하고 있습니다. 상장도 하지 않은 스타트업의 가치가 1억 달러를 넘는 일은 유니콘처럼 상상 속에서나 가능한 일이라는 의미에서 여성 벤처 투자자인 에일린 리Aileen Lee가 2013년에 처음 사용했습니다. 현재 대표적인 세계적 유니콘 기업에는 미국의 우버, 에어비앤비, 스냅챗과 중국의 샤오미, 디디콰이디 등이 있고, 국내에서도 쿠팡과 옐로모바일 등이 유니콘 기업으로 꼽히고 있습니다.

이후 유니콘이 늘어나자 미국의 종합 미디어 그룹인 블룸버그는 기업가치가 100억 달러(10조) 이상인 스타트업을 뿔이 10개 달린 상상 속 동물인 데카콘decacorn이라고 부르기 시작했습니다.

이는 유니콘보다 희소가치가 있는 스타트업이라는 의미입니다. 또한 유니콘의 100배hecto 가치를 가진 기업은 헥토콘hectocorn이라고 부르는 등 스타트업들 중 엄청난 투자 기회를 주는 기업이 많이 나타나고 있습니다.

스타트업과 관련해서는 먼저 미국을 살펴볼 필요가 있습니다. 미국은 유니콘 기업의 천국으로 글로벌 유니콘 기업의 48%를 배출한 1위 국가입니다. 미국 스타트업 생태계의 특징은 독보적인 자금력입니다. 투자자, 벤처캐피탈, 기관소액대출 등 사업 초기에서 성장단계까지 폭넓게 자금을 지원하는 다양한 옵션이 있습니다.

또한 미국 스타트업 시장에는 다양한 지원정책이 있어서 임팩트 투자펀드(민간 투자금의 2배 자금지원), 멘토링, 패스트트랙 특허처리 등을 지원하고 있습니다.

스타트업의 용광로인 주요 지역을 살펴보면 다음과 같습니다.

① 실리콘밸리

실리콘밸리는 명성 그대로 독보적인 스타트업의 중심지입니다. 인터넷 및 모바일 기술의 근원지이며, 클라우드, 인공지능, 자율주행 등 4차 산업혁명의 핵심 기술이 모두 실리콘밸리에서 등장했다고 해도 과언이 아닙니다.

② 뉴욕

뉴욕은 다양성 측면에서 유리한 생태계가 조성되어 있습니다. 뉴욕 광역 도시권 기준 170억 달러 펀딩을 받았고, 2019년 기준으로 883건 이상의 벤처캐피탈 투자가 이뤄졌습니다. 사업 초기단계 기업이 펀드자금을 받을 확률이 실리콘밸리에 이어 2위로 높고, 수월하게 투자금을 회수할 수 있습니다. 뉴욕에서는 헬스테크, 웰빙, 교육, 배달과 픽업 같은 생활밀착형 스타트업이 약진하고 있습니다.

뉴욕의 주요 스타트업 현황을 살펴보면 다음과 같습니다.

기업명	업태
데이터마이너(Dataminer)	실시간 글로벌 투자정보 제공
오스카헬스(Oscar Health)	건강보험 및 원격진료 서비스
펠로톤(Peloton)	실내바이크 스트리밍 서비스
슈뢰딩거(Schrodinger)	머신러닝 기반 신약 개발 지원 플랫폼
렛고(Letgo)	온라인 중고 거래 플랫폼

③ 로스앤젤레스(LA)

로스앤젤레스의 실리콘비치는 기술·벤처기업들이 밀집한 LA 해안지역을 말합니다. 스냅, 틴더, 넷플릭스 등 500개가 넘는 스타트업이 있는 곳입니다.

로스앤젤레스는 할리우드가 인근에 있어 엔터테인먼트 산업이 발달해 있는데요. 미국 서부 최대 항만인 롱비치 항만과 LA 항만 인근지역으로 유통, 물류, 온라인, 오프라인 소비재가 유망산업으로 거론됩니다. 그 외에 패스트패션, 우주항공, 교통산업이 유망산업이고, 최근에는 액티비전블리자드, 라이엇게임즈 등 e-스포츠 관련 유망 스타트업들이 창업했습니다. LA의 주요 스타트업은 다음과 같습니다.

스타트업 투자와 관련해서는 중국도 미국 못지않은 창업 열기가 있는 곳입니다. 2000년을 기점으로 약20년 동안 중국 정부는 창업과 관련된 4개의 계획을 발표했습니다. 초기에는 가시적인 성과가 나지 않았음에도 불구하고, 지원 확대를 거듭하는

기업명	업태	기업명	업태
페어 (Fair)	임대차계약 서비스 앱	서비스 타이탄 (service Titan)	홈서비스 앱
왜그 (Wag)	반려견 산책 및 캐어 전문서비스 앱	집리크루터 (ZipRecruiter)	온라인구직 및 채용서비스
태스크 어스 (Task Us)	비즈니스 고객관리 시스템	사일런스 (Cylance)	사이버보안 및 관련 서비스
래디올로지 파트너스 (Radiology Partners)	방사능 치료와 캐어서비스	보링 컴퍼니 (The Boring Company)	지하운송 터널 네트워크

중국정부의 일관된 정책 덕분에 성공적인 창업생 태계가 조성 되었습니다. 그 결과 중국은 2015년부터 유니콘 기업의 성과를 나타내기 시작했습니다. 또한 이를 바탕으로 대중창업 활성화 를 지원하고 있는데요. 그 결과 하루에 1만 6천 개의 창업기업 이 탄생하고 있는 상황입니다.

특히 중국은 스타트업을 육성하는 민간창업펀드(베이징대 및 칭화대창업기금 등)가 활발하게 조성되어 있어 대학캠퍼스에서부 터 창업 열기가 끓어오르는 중입니다. 글로벌 분석가들의 말을 빌어보면 쓸만한 스타트업은 대부분 중국에 있다고 할 정도 중 국의 창업 열기는 미국을 능가하고 있습니다.

중국의 창업 열기는 자연히 세계 최고 기업의 탄생으로 이어 지고 있습니다. 미국의 시장조사업체 CB인사이츠의 2021년 발 표에 따르면 전 세계 유니콘 기업의 수는 총 959입니다. 가장 많은 유니콘 기업을 보유한 나라는 미국으로 488곳이었고 중국이 2위로 170곳으로 집계되었습니다. 우리나라의 유니콘기업 쿠팡, 위메프 등이 포함됐습니다.

그러나 해외 투자는 위험이 크다

해외주식투자를 하면 국내에서 투자하는 것보다 더 많은 위험에 노출될 수 있습니다. 대표적인 두 가지 위험을 소개하면 다음과 같습니다.

① 정보비대칭 위험

정보가 비대칭구조를 이루고 있다는 것은 정보가 모든 이해관계자에게 골고루 전달되는 것이 아니라 어떤 사람은 정확한 정보를 많이 갖게 되고 다른 사람들은 정보를 적게 가지거나 부정확한 정보를 갖게 되는 상황을 말합니다. 이런 일이 벌어지면 대부분 정확한 정보를 많이 가진 사람이 정보를 적게 가진 사람이나 부정확한 정보를 가진 사람들부터 이익을 얻을 기회가 많아집니다. 즉 정보의 약자 위치에 서게 되면 불리한 상황이 벌어지는 겁니다.

이런 정보의 비대칭 현상은 주식시장에서도 나타나는데, 시장에서는 일반적으로 정보를 많이 가진 사람은 돈을 벌고 정보를 적게 가진 사람은 돈을 잃게 됩니다. 즉 정보의 우위자, 특히 경영자들이 마땅히 주주들에게 돌아가야 할 몫을 정보의 약자인 주주들이 모르는 사이에 자신들의 배를 불리는 쪽으로 의사결정을 하는 겁니다.

시장에서 이렇게 정보의 약자 위치에 있다면 결코 좋은 투자 결과를 얻지 못할 겁니다. 그렇기 때문에 올바른 투자를 위해서는 내가 가장 잘 아는 산업, 그리고 내가 가장 잘 아는 회사에 투자해야 합니다. 여기서 내가 잘 안다는 것은 그 기업의 세세한 부분까지 아는 것을 말합니다. 예를 들면 그 회사는 어떤 사업을 하며, 어떤 물건을 만들어 팔고, 원가구조는 어떠하며, 재무상태의 건전성과 경영자의 자질은 합리적인가 등의 내용들을 포함합니다. 만약 자신이 투자하려고 하는 회사에 대해 이러한 내용들을 이해하지 못했다면 투자를 해도 성공보다 실패 가능성이 더 큽니다. 투자는 정보의 비대칭을 없애는 일부터 시작된다고 해도 과언이 아니기 때문이죠.

그렇다면 과연 해외투자를 하는 경우는 어떨까요? 언어도 다르고, 회계기준도 다르고, 지역적으로 멀리 떨어져 있어 뉴스를 실제로 확인하기도 어려운 상황이 벌어진다면 명백하게 정보비대칭에 빠져 나쁜 주식을 비싼 값에 사는 역선택을 할 가능성이 매우 큽니다. 우리나라에서 우리말로 제공되는 정보를 통해서도 수익을 내기 어려운 현실을 생각하면 해외투자는 그만큼 더 위험하다는 점을 인식해야 합니다.

② 환율변동위험

해외주식투자의 또 다른 위험은 환율변동위험입니다. 해외투자는 겉으로 보기에는 해외기업이 발행한 주식에 투자하는 것처럼 보이지만, 실제로는 주식과 함께 그 나라 통화에 투자한 것입니다. 그래서 해외투자의 성과를 가늠하는 것이 매우 힘듭니다. 다음 예를 통해 더 자세히 알아보겠습니다.

- 해외주식 가격도 오르고 해외통화 가치도 상승하는 경우 : 이때는 수익이 배가 됩니다. 주식으로도 돈을 벌고, 외화투자에서도 돈을 벌기 때문입니다.
- 해외주식은 오르는데, 해외통화 가치는 하락하는 경우 : 이때는 수익의 방향을 알기 어렵습니다. 주식투자수익률이, 통화가치 하락률보다 더 크다면 이익이겠지만, 만약 반대로 주식투자 수익률보다 통화가치 하락률이 더 크다면 손실을 보게 됩니다.
- 해외주식은 내리는데, 해외통화 가치는 상승하는 경우 : 이때도 마찬가지로 수익의 방향을 알기 어렵습니다. 주식투자 손실률이 통화가치 상승률보다 더 크다면 손실이겠지만, 반대로 주식투자 하락률보다 통화가치 상승률이 더 크다면 이익을 보게 됩니다.

- 해외주식도 내리고, 통화가치도 내리는 경우 : 이때는 손실이 배가 됩니다. 주식투자로도 돈을 잃고, 외화투자에서도 돈을 잃기 때문입니다.

이렇듯 해외투자는 주식투자 수익률 이외에 현지통화가치가 오르느냐 아니면 내리느냐에 따라 손익이 달라지기 때문에 국내에서 주식투자를 할 때보다 고려해야 하는 변수들이 엄청나게 많아집니다. 국경을 넘어가면 환율변동위험으로 인해 위험이 커진다는 점을 잊지 말아야 합니다.

미래혁신 기업만이 답인가?

텐배거가 될 주식이 미래사회를 이끌어갈 미래혁신기업에서만 나온다는 생각은 잘못된 것입니다. 물론 미래성장 가능성이 뛰어난 기업들 중에서도 텐배거가 나올 수 있지만, 기존에 사업을 하고 있는 기업들 중에서도 얼마든지 텐배거가 나올 수 있습니다.

첫째, 기존사업을 영위하는 기업이지만 남들이 하지 않는 혐오사업을 영위하는 기업의 수익성이 커질 수 있습니다. 그런 사업의 사례로는 벌레를 제거하는 방충업체가 있을 수 있습니다.

우리나라의 경우 아파트의 경우 수명이 오래됐고, 한강변 주위에 과거 홍수가 많이 나던 부지에 지어진 집이 많아 바퀴벌레가 심심찮게 발견됩니다. 그 벌레를 잡아주는 사업을 하는 기업은 사람들에게 꼭 필요한 서비스를 제공해주고 만약 경쟁자도 없다면 이런 기업은 텐배거가 될 가능성이 있습니다.

둘째, 새로운 질병에 대응하는 신약이 아니더라도 인구통계의 변화에 따라 수요가 늘어나는 제품을 보유한 기업은 수익성이 극적으로 좋아질 수 있습니다. 사람의 기대수명이 늘어나는 것은 분명 중요한 변화 중 하나입니다. 그리고 치명적인 질병도 많아지고 있습니다. 그만약 어떤 기업이 치명적인 질병을 치료하는 획기적인 신약을 개발하면 그 기업의 주가는 폭발적으로 상승합니다.

신약을 개발한다는 것은 엄청난 자금과 또 매우 긴 시간을 요구하는 작업입니다. 그러나 건강기능식품의 경우는 신약 개발과는 달리 상품화가 손쉬운 부분이 있습니다. 예를 들어 주름 개선 효과가 탁월한 보톡스와 같은 제품, 여성들의 갱년기 증상을 완화해주는 제품처럼 꼭 혁신기업은 아니더라도 인구구조의 변화로 인해 새로운 시장이 열리는 곳에서도 텐배거가 나올 수 있다는 것을 염두에 둬야 합니다.

9장

반드시 텐배거가 나올
7가지 섹터

01

자율주행
자동차산업

통신기술의 발전은 세상에 존재하는 유형 또는 무형의 사물들이 다양한 방법으로 서로 연결되어 개별적으로는 제공하지 못했던 새로운 서비스를 제공하게 했습니다. 이것이 바로 사물인터넷IoT : Internet of Things입니다. 사물인터넷은 말 그대로 사물들이 인터넷으로 서로 연결되어 작동하는 것을 말합니다. 기존의 인터넷이 컴퓨터나 무선인터넷이 가능한 휴대전화 등을 연결했던 것과는 달리, 사물인터넷은 책상, 자동차, 냉장고, 세탁기, 전등, 보일러 등 세상에 존재하는 모든 사물이 연결되어 구성된 인터넷 세상입니다.

사람들은 사물인터넷 세상에서 가장 중심이 되는 기기Device

는 무엇일까 고민하기 시작했습니다. 초기에는 스마트폰이 핵심 기기 역할을 충실히 했었습니다. 그런 과정에서 어떤 회사는 냉장고를 다른 회사는 TV를 핵심기기로 사용하겠다는 계획을 세우기도 했었습니다.

그러던 것이 지금은 자동차가 핵심기기가 될 것이란 전망에 의견을 달리하는 사람은 없을 겁니다. 바로 자율주행 자동차에 관한 이야기입니다. 애플 아이폰의 한 대당 가격은 프리미엄 모델의 경우 1,500달러(우리 돈 180만 원 정도), 일반 모델은 1,000달러(우리 돈 120만 원) 안팎으로 판매되고 있습니다. 그런데 만약 자동차가 핵심기기가 된다면 적어도 4~6만 달러 수준에서 판매될 것으로 예상됩니다. 스마트폰을 열심히 파는 것보다 훨씬 큰 수익이 발생되는 사업인 것이죠.

그래서 애플, 구글, 테슬라는 물론이고 세계 유수의 자동차 기업들이 자율주행 자동차를 개발하기 위해 사운을 걸고 이 사업에 뛰어들고 있습니다. 자율주행 자동차는 사람이 타고 있지만, 운전은 하지 않는 자동차를 말합니다. 차내에는 핸들과 액셀러레이터 등이 없고, 탑승자들은 움직이는 차 안에서 정보를 검색하고 음악을 듣고 사무를 보는 등 움직이는 사무실 내지는 거실의 역할을 하는 것이 자율주행 자동차의 기본 개념입니다.

자율주행이 가능하기 위해서는 차량용 반도체는 물론이고 버퍼링이나 끊어짐이 없는 무선인터넷 서비스, 외부정보를 취합

할 수 있는 센서, 모든 것을 제어할 수 있는 전자장비 등 첨단기술이 필요합니다. 한마디로 자율주행 자동차는 지금까지 나온 IT를 비롯한 모든 기술적 요인이 모두 적용되는 기술의 총아라고 볼 수 있습니다.

현재 나누고 있는 자율주행의 단계와 그 특징을 정리하면 다음과 같습니다.

자율주행 자동차산업의 핵심은 누가 먼저 자율중행 자동차를 완성해서 상용화하느냐에 달려 있습니다. 승자독식winner takes all의 세상에서 첫 번째 주자가 되면 무엇보다 큰 이점을 가

레벨	Level 0	Level 1	Level 2	Level 3	Level 4	Level 5
정의	비자율주행	운전자 지원	부분 자율주행	조건부 자율주행	고도 자율주행	완전 자율주행
자동화 기능	경고 및 일시적 지원	조향 또는 속도	조향과 속도	필수조건 충족 하에 차량주행	운전자 탑승 하에 자율주행	운전자 없이도 모든 조건에서 자율주행
운전자	모든 운전작업 수행	운전자제어, 일부 주행기능	항상 운전관여 및 환경모니터링	운전자 필요하지만 모니터링 불필요	차량은 특정 조건에서 모든 주행기능 수행	차량은 모든 조건에서 모든 주행 기능 수행
예시	– 자동 긴급제동 – 사각지대 경고 – 차선이탈 경고	– 차선유지 – 크루즈 기능	– 차선유지 – 크루즈 기능	– 혼잡구간 주행 지원 시스템	– 지역 무인 택시 – 페달 및 조정장치 미설치 가능	– 완전자율주행
상용화 시기	완료	완료	완료	–	2025년 예상	2025년+ 예상

질 수 있기 때문입니다.

두 번째는 핵심적인 부품을 누가 공급하느냐입니다. 어느 완성차업체에 납품하느냐도 중요하고 어떤 회사라도 그 부품을 사용하지 않으면 안 되는 제품을 생산하는 것도 중요합니다. 아니면 지금까지는 사용되지 않던 획기적인 기술을 앞세운 업체가 나타날 수도 있습니다. 앞으로 업계의 발전 방향을 지켜보면서 종목을 선정해나갈 필요가 있습니다.

현재 자율주행 자동차 관련주로는 테슬라, 앤비디아, 마이크로소프트, 알파벳(구글), 퀄컴, 애플, 도요타, 인텔, 포드, GE, 현대차, 기아차 등이 국내외에서 거론되는 종목들입니다.

02

2차전지산업

2차전지는 충전과 방전이 가능한 전지를 말합니다. 한 번 쓰고 버리는 1차전지와 달리 앞으로 다양한 산업 분야에서 활용성이 커질 수 있는 핵심부품입니다. 2차전지는 유럽 내의 강력한 이산화탄소CO_2 배출규제와 전기차의 상품성이 개선되어 판매 대수가 증가함에 따라 지속적인 성장이 기대되는 산업입니다. 전기차 배터리 이외에도 에너지저장장치ESS에 대한 수요는 물론이고 스마트기기에 부착되는 배터리도 고성능화가 필요해 미래산업의 핵심부품이며, IT기기의 반도체와 같은 역할을 할 것으로 판단됩니다.

현재 대표적인 2차전지 완성품업체인 배터리셀업체로는 우리나라의 LG에너지솔루션, SK이노베이션 그리고 삼성SDI가 있고, 중국의 대표적인 업체인 CATL이 있습니다.

배터리는 크게 양극재, 음극재, 전해액, 분리막으로 구분됩니다. 지금 시장에서 거론되고 있는 종목들을 정리하면 다음과 같습니다.

배터리셀업체	배터리 완성품 업체	– LG에너지솔루션 – SK이노베이션 – 삼성SDI
양극재	배터리 4대 소재 중 하나로 배터리 성능을 결정짓는 재료. 고용량 특성의 니켈, 안정성을 위해 사용되는 망간과 코발트 그리고 출력향상을 위한 알루미늄 등의 양극활 물질로 이루어짐	– LG화학 – 에코프로비엠 – 엘앤에프 – 코스모신소재
음극재	전지를 충전할 때 양극재에서 나오는 리튬이온을 받는 역할을 하는 물질로 흑연 등의 탄소 물질이 사용되며, 전지 전체의 80%의 재료비를 차지하는 비싼 자재임	– 포스코케미칼 – 대주전자재료 – 한솔케미칼 – 동진세미켐
전해질	양극재, 음극재와 함께 4대 핵심소재로 전지 내 이온의 원활한 이동을 돕는 물질	– 솔브레인 – 후성 – 천보 – 동화기업 – 엔켐
분리막	양극과 음극의 접촉을 차단하는 분리막	– SK아이테크놀로지 – LG화학 – 대한유화
동박	2차전지의 핵심 재료인 음극재를 구성하는 가장 중요한 자재	– 일진머트리얼즈 – SKC – 솔루스첨단소재
첨가제	2차전지의 성능 및 수명을 늘려주기 위한 첨가물질	– 천보 – 나노신소재 – 대주전자재료

배터리업계는 리튬이온전지를 넘어 전고체배터리 개발에 힘을 쏟고 있으며, 어떤 제품이 궁극의 2차전지를 구성할 것인지에 대해서는 향후 업계의 기술발전 상황을 살펴봐야 합니다. 그러나 분명한 것은 2차전지산업은 산업의 핵심적인 부품으로 자리 잡을 것이고, 앞으로 지속적인 시장 확대가 예상된다는 것입니다. 이렇게 시장이 커지는 곳에서 텐배거가 나타납니다.

03

메타버스산업

메타버스는 가상, 초월 등을 뜻하는 영어 단어 메타Meta와 우주를 뜻하는 유니버스Universe의 합성어입니다. 이는 현실세계와 같은 사회·경제·문화 활동이 이뤄지는 3차원의 가상세계를 말합니다. 메타버스는 가상현실VR보다 한 단계 더 진화한 개념으로, 아바타를 활용해 단지 게임이나 가상현실을 즐기는 데 그치지 않고 실제 현실과 같은 사회·문화적 활동을 할 수 있다는 특징이 있습니다.

특히 메타버스는 초고속·초연결·초저지연의 5G 통신이 상용화되고 코로나 팬데믹이 발생하면 본격적으로 확산하기 시작했습니다. 즉, 5G 상용화와 함께 가상현실VR·증강현실AR·혼합

구분	META	MS	Google	Apple
메타버스 관련 인수기업	– 오큘러스 – 비트게임즈 (VR게임) – 다운푸어 인터렉티브 – 스케이프테크 – 컨트롤랩스 (신경 인터페이스)	– 모장스튜디오 (마인크랩) – 알트스페이스 (VR플랫폼) – 제니맥스 (VR게임)	– 퀘스트비주얼 (AR S/W) – 아이플루언스 (VR기기) – 아울케미랩스 (VR게임) – 노스 (스마트글래스)	– 메타이오 (AR S/W) – 페이스시프트 (얼굴인식) – 브알바나 (AR,VR기기) – 아코니아 (AR기기렌즈) – 카메라아이 (AR S/W) – 텍스트VR (VR콘텐츠)

현실MR 등을 구현할 수 있는 기술이 발전했고, 코로나19 사태로 비대면·온라인 추세가 확산하면서 메타버스가 사람들의 관심 속에 자리 잡았고 산업도 점점 커지는 모습입니다.

메타버스가 가지는 매력은 현실공간과 흡사한 현장감과 몰입감, 아바타 간 실시간 상호작용, 직접 가보기 어려운 공간에서의 체험활동을 통한 대리만족 등입니다. 이를 통해 메타버스산업은 다양한 분야로 서비스 확장이 가능하고 그 과정에서 수익모델을 창출할 수 있습니다.

지금 글로벌업체 중 메타버스 산업에서 주도권을 잡기 위해 관련업체들을 인수합병하고 있는 업체로는 위의 네 기업이 대표적입니다.

또한 메타버스가 가능하게 하려면 다음과 같은 핵심 3대 요

GPU	엔진	XR기기
- NVIDA(외장 GPU점유율 80%) - AMD - Intel	- Unreal엔진 : 에픽게임 - Unity엔진 : 워크룸스, 제페토, 이프랜드	- 오큘러스 - MS홀로렌지

소가 필요합니다.

현재 메타버스 시장은 부분적으로 출발은 했지만 아직 완전히 자리 잡지 못했습니다. 그런 평가가 나오는 이유는 산업 내에서 확실한 수익모델을 갖추고 돈을 벌고 있는 업체가 아직 나오지 않았기 때문입니다.

문제는 이 산업에서 누가 제일 강자가 되고 어떤 기기와 콘텐츠가 사람들의 주목을 받게 될지 불투명하다는 점입니다. 그래서 더 큰 기회가 있을 것으로 보입니다. 우리나라 시장에도 메타버스ETF가 상장되어 있고 각각의 ETF에 포함된 기업들도 확인할 수 있습니다.

이런 때에는 먼저 ETF에 투자를 하고 있어야 합니다. 우리나라 메타버스ETF뿐만 아니라 미국에 상장된 ETF도 매수해볼 필요가 있습니다. 아무래도 메타버스 산업은 우리나라보다는 대형 IT기업이 많고 자금력도 충분한 미국 시장에서 결판이 날 가능성이 크기 때문입니다. ETF를 투자하고 난 다음 선두로 뛰어나오는 기업이 있다면 그때 ETF를 팔고 그 주식을 매수하는 겁니다.

그러나 이런 매매 전략적인 측면보다는 메타버스 산업에 대해 학습하는 것이 더 중요합니다. 예를 들어 구글이 어떤 기업을 인수했다면 그 파급효과는 어떤 것인지와 같은 내용을 파악함으로써 기술을 익히는 거죠. 그냥 누워서 나무에서 떨어지는 감을 받아먹을 생각으로는 절대 텐배거를 만나지 못할 겁니다.

04

원전해체산업

일본 후쿠시마 원전 사고 이후 주요국들이 원전 가동을 중단하거나 건설계획을 연기하거나 취소하면서 원전해체 기술을 확보하는 것이 중요한 과제로 떠오르고 있습니다. 원전해체시장이 원전 관련 산업의 블루오션으로 부상하고 있는 거죠. 관련업계에 따르면 2050년이 되면 1,000조 원 규모의 시장이 형성될 것으로 전망됩니다.

현재 가동이 정지되어 해체를 기다리고 있는 원전은 전 세계를 통틀어 140기에 이릅니다. 이 중 18기만 해체됐고, 나머지 122기는 해체 작업을 기다리고 있는 상황입니다. 지난 2004년 국제원자력기구IAEA는 오는 2050년까지 총 430여 기가 해체 수순을 밟을 것으로 예상했습니다. 원자력 전문기관인 한국수력원자력이 발표한 자료에 따르면 원전 1기당 해체 비용이 평균 6,000억 원 정도인 것으로 나타났습니다. 따라서 이 비용을 그대로 적용한다면 수조 원의 해체시장이 형성됩니다.

원전해체는 단순히 건물을 해체하는 것이 아니라서 방사선이라는 위험 요인이 존재하며, 해체 기간도 짧게는 15년에서 길게는 60년 정도로 오래 걸린다는 특징을 가지고 있습니다. 현재 전 세계에서 상업용 원전을 해체해본 나라는 미국과 독일 그리고 일본뿐입니다. 우리나라는 상업용 원전이 아닌 소형 연구용 원자로인 트리가마크TRIGA Mark 2, 3호기를 해체한 경험을 가지고 있습니다.

원전해체에 필요한 핵심기술은 상용화기술 58개와 핵심기반기술 38개 등 총 96개라고 합니다. 현재 상용화 기술 58개는 한국수력원자력(한수원)이, 핵심기반 기술 38개는 한국원자력연구원에서 개발을 추진하고 있습니다. 한수원에 따르면 현재 원전해체의 핵심 기술 58건 중 54건을 개발 완료한 상태입니다. 한수원과 원자력연구원은 지하수 감시와 오염평가, 고하중 폐기물 취급을 위한 원격제어기술 등 아직 확보되지 않은 나머지 기술들을 고리 1호기 해체 일정에 맞춰 개발하고 있습니다.

원전해체 기술에는 4차 산업혁명 시대에 걸맞게 가상현실·증강현실이나 로보틱스 기술이 접목되기도 합니다. 원전해체 과정을 실제와 비슷한 시뮬레이션 영상으로 개발해 안전사고를 예방하고 작업 효율성을 높일 수 있는데, 해체공정 시뮬레이션으로 작업 시간과 소요 비용을 산출할 수 있어 공정을 최적화하고 경제성과 안전성을 향상할 수 있습니다. 또한 수중 드론 또는 로봇을 활용해 위험 구역의 인력 투입을 최소화하는 등 안전 관리에 적용할 수 있는 기술 및 제품들이 다양하게 도입되고 있습니다.

문제는 아직 이러한 원전해체 기술을 보유한 민간기업이 없다는 겁니다. 그러나 시장이 개화하고 수익이 나면 분명 민간에서도 이 사업에 뛰어들 것이고, 사업의 위험성을 고려할 때 독점 내지는 과점적인 시장이 형성될 수 있습니다. 그러면 그 기업들의 수익성은 안정적이 될 것입니다. 미래 황금알을 낳는 기업이 탄생할 분야라고 생각합니다.

따라서 현재 정부 중심의 원전해체 기술개발이 민간으로 전파되는지, 그렇다면 어떤 기업이 그 산업에 뛰어드는지를 추적하고 확인하면 텐배거를 만날 가능성이 매우 큽니다.

05

우주항공산업

테슬라의 CEO 일론 머스크가 설립한 '스페이스엑스Space X' 는 우주탐사기업입니다. 발사체, 로켓엔진, 우주화물선, 위성인 터넷, 행성 간 우주선 등을 설계하고 제조해서 인류의 우주 진출을 주도하고 우주탐사 비용을 절감하는 것을 목표로 하고 있습니다. 미국의 경우 민간기업이 상업용으로 우주개발에 나서는 경우가 많지만 우리나라는 정부 주도의 사업이 대부분입니다.

우주항공산업은 사람을 태우거나 물건을 싣고 우주로 나는 것만을 의미하는 것은 아닙니다. 지금 추진하고 있는 우주항공산업을 정리하면 다음과 같습니다.

① 위성항법 시스템 구축

일반적으로 GPS라는 단어는 위성항법 시스템을 말하지만, 이는 미국 시스템을 말합니다. 시간이 지나면서 초정밀데이터에 대한 수요가 증가하면서 주요국들은 자체적인 위성항법 시스템을 구축하고 있습니다.

자체적인 위성항법 시스템이 필요한 가장 큰 이유는 자율

시스템	국가	커버지역	운영상태	제공 서비스
GPS	미국	전 세계	1995년 이후 전 세계 커버	- 일반위치 서비스 　(민간제공) - 정밀위치 서비스
GLONASS	러시아	전 세계	2011년 이후 전 세계 커버	- 일반채널(민간제공) - 고정밀 채널
Galileo	유럽	전 세계	2020년 이후 전 세계 커버	- 오픈 서비스(무료) - 상업 서비스 - 공공 서비스 - 검색 및 구조 서비스
Beidou	중국	전 세계	현재 아시아태평양 커버	- 오픈 서비스(민간제공) - 공인 서비스 - 단문 서비스(중국지역)
NAVIC	인도	자국 및 인접 지역	위성 동작 중	- 일반 위치 서비스(민간제공) - 정밀 위치 서비스 - 일부 지역에 경고 메시지 발송
QZSS	일본	자국 및 인접 지역	2018년 11월 이후 일부 운영	- 위성 위치 서비스 - 질병 및 위험관리 - 위치기술 검증 서비스 - 공공서비스
KPS	한국	자국 및 인접 지역	2030년 운영 예정	미정

주행 시스템 때문입니다. 자율주행 레벨4에 도달하기 위해서는 도로의 모든 객체를 인식하고 전체적인 교통 흐름을 파악하는 위성항법 시스템이 필수적입니다. 위성항법 시스템은 GNSSGlobal Navigation Satellite System이라고 부르는데, 주요국가의 서비스는 왼쪽과 같습니다.

② 지구관측용 위성

두 번째는 지구관측용 위성입니다. 지금까지는 대기 및 해양 등을 관측해서 기상을 측정하는 역할을 해왔지만 최근에는 산불, 해일, 지진 등의 재난 상황을 관측하고 관리하기 위한 목적으로 추가적인 시스템을 구축하고 있습니다.

③ 민간우주산업

과거 우주항공산업은 정부 주도가 대부분이었지만 2016년 이후에는 미국 기업을 중심으로 다양한 활동이 증가하고 있습니다. 민간우주여행, 소형 위성발사산업, 관측 위성을 통한 지상 데이터 판매 및 개발, 우주자원탐사 활동이 주요 과업이 되고 있습니다. 이런 상업적 목적의 로켓발사 증가는 현재 미국을 중심으로 이루어지고 있는데, 2020년 미국 연방항공청에서 허가 받은 로켓 발사 중 절반 이상이 스페이스엑스의 로켓발사였습니다.

분류	부문	유가증권시장 상장기업	코스닥시장 상장기업
우주기기 제작	위성체 제작	한국항공우주, 한화시스템, 써니전자	쎄트렉아이, 아이쓰리시스템, AP위성, 뉴로스
	발사체 제작	한국항공우주, 한화에어로스페이스, 퍼스텍	이엠코리아, 한양이엔지, 하이록코리아, 코텍
	지상 장비	한국조선해양, 현대로템 두산중공업, 한화에어로스페이스	한양이엔지, 쎄트렉아이, P위성
우주 활용	위성 활용 서비스 및 장비	한화시스템, 스카이라이프	KMH, 인텔리안테크, 모방일어플라이언스, 머큐리, 휴맥스, 홈캐스트, AP위성, 파인디지털, 디엠티
	우주탐사		AP위성

우리나라의 우주항공 관련 상장사를 정리해보면 위와 같습니다.

우주항공산업은 이제 꿈속에만 있던 산업이 아니라 국가 전략적인 차원에서 관리해야 하는 매우 중요한 산업입니다. 그리고 성장 가능성이 큰 산업이기 때문에 수익을 추구하는 기업에서 활발히 사업에 참여할 수 있는 분야입니다. 실제로 수익이 발생하기 시작하면 걷잡을 수 없는 고수익을 주는 사업이기도 합니다. 무엇보다 기술의 발전과 그 적용 분야에 대한 학습이 중요합니다. 그러나 기술적인 진입장벽이 높고 정치적인 이유로 사업에 제한이 가해질 수 있다는 점은 주의해야 합니다.

06

신약 개발산업

인류의 기대수명이 늘어나는 것은 축복할 일임에 틀림없습니다. 그러나 나이가 들어간다는 것은 많은 질병을 달고 살아간다는 것과 같습니다. 인체의 기능이 일생 동안 20대의 상태를 유지하기란 불가능하기 때문입니다. 나이가 들면 신체 기능이 저하되는 것은 물론이고 주름이나 관절염 등 퇴행성 질환도 늘게 됩니다. 이런 점에서 본다면 앞으로 늘어난 기대수명 동안 행복한 삶을 누리게 해주는 다양한 형태의 신약이 개발될 것입니다.

현재 바이오제약시장은 외국계 제약사와 국내 제약사로 나누어볼 수 있습니다. 제품 측면에서 보면 '오리지널' 제품과 '제네릭(복제약)' 제품으로 나눌 수 있습니다. 오리지널과 제네릭 제품이란 '세상에 없던 새로운 약'과 그 '복제약'으로 설명이 가능합니다. 복제약이라고 해서 저급하거나 문제가 있는 것은 아닙니다. 국가에서 관리하는 생물학적 동등성 시험을 통과해야 복제약이 시판될 수 있으며, 오리지널 약에 비해 저렴한 약가로 보험재정에 큰 도움을 주기도 합니다. 현재까지는 외국계 제약사는 주로 오리지널 제품을 판매하고, 국내사의 경우 오리지널 제품보다 제네릭의 비중이 높은 경우가 많습니다.

그러나 우리나라 바이오제약 업체도 수익성이 좋은 오리지널 제품을 만들기 위해 많은 노력을 하고 있습니다. 문제는 오리지널 제품을 만들기 위해서는 엄청난 규모의 자금과 긴 시간이 필요해 쉽게 성공을 장담하기는 어렵습니다. 특히 우리나라 제약회사가 신약 개발을 완료하기보다는 신약 개발에 대한 노하우를 기술수출 형식으로 계약을 하는 상황입니다.

그럼에도 불구하고 신약 개발 기술이 성사되면 큰 수익을 얻을 수 있습니다. 한 사례로 2015년 한미약품은 다국적 제약사들에게 기술수출 계약을 맺은 것을 연이어 발표했는데요. 그때 한미약품은 폭발적인 주가상승을 보였습니다.

그러나 그렇게 수출했던 신약 개발 기술이 신약 개발에 실패해서 다시 반환되는 어려움을 겪기도 했습니다. 이는 그만큼 오리지널 신약 개발이 어렵다는 반증입니다. 그러나 그 힘든 일을 해내는 기업이 바로 텐배거가 될 수 있습니다. 그중 최근 많은

연구가 이루어지고 있는 표적항암제 개발 기업과 현황을 살펴보면 다음과 같습니다.

기업명	프로젝트명	적용증	임상 현황
유한양행/오스코텍	렉자라	비소세포폐암	1/1b상
한미약품	포지오티닙	비소세포폐암	2상
브릿지바이오	BBT-176	비소세포폐암	1/2상
나이벡	–	고형암	전임상
파멥신	올린베시맙	삼중음성유방암	2상
에이비온	ABN401	폐암	1/2상
한미약품	벨바라페닙	고형암	1b상

출처 : 키움증권리서치

또한 현대인들이 가지고 있는 질환 중 고령화와 관련해서 파킨슨과 알츠하이머 신약 개발도 큰 관심을 모으고 있습니다. 각각 개발중인 프로젝트를 살펴보면 다음과 같습니다.

분류	기업명	프로젝트명	비고
파킨슨 신약	펩트론	PT-320	NIH 공동 개발 파킨슨 치료제, `22년 4월 2상 종료 예정
	디앤디파마텍	NLY01-PD	GLP-1R 계열, 미국/캐나다 2상 진행 중
	카이노스메드	KM-819	FAF-1 계열, 국내 2상 IND 제출, 미국 2상 임상 프로토콜 완성
	페스트바이오	FB-101	c-ABL kinase 계열, 미국 1상 완료
	에이비엘바이오	ABL301	SNCA, IGF1R 계열, 전임상 진행 중
	셀리버리	iCP-Parkin	전임상 진행 중
	차바이오텍	FMD-NPC	동종 신경전구 세포 치료제, 전임상 진행 중
	동아에스티	DA9805	목단피 등 천연물 유래 치료제, 미국 2상 진행 중
	일양약품	슈펙트	c-ABL kinase 계열, 프랑스 2상 진행 중
알츠하이머 신약	젬백스	GV1001	알츠하이머 치료제, 3상 IND 국내 승인 대기 중
	아리바이오	AR1001	알츠하이머 치료제, 미국 2상 완료, 연내 3상 IND 신청 예정
	네이처셀	AstroStem	자가 지방 유래 줄기세포, 미국 2b상 진행 중
	차바이오텍	PlaSTEM-AD	동종 태반 유래 줄기세포, 국내 1/2a상 진행 중

분류	기업명	프로젝트명	비고
알츠하이머 신약	엔케이맥스	SNK01	NK 세포 치료제, 멕시코 1상 진행 중
	뉴라클사이언스	NS101	캐나다 1상 IND 승인
	디앤디파마텍	NLY01-AD	GLP-1R 계열, 미국/캐나다 2상 진행 중

출처 : 키움증권리서치

07

대륙횡단철도 연결과
철도산업

우리나라는 반도 국가임에도 남북이 대치 상태에 있어 사실상 섬나라와 같은 형국을 보이고 있습니다. 그래서 물류도 해운이나 항공을 통해서 주고받아야 하는 것이 현실입니다. 그러나 남·북간 철도가 연결되고 그것이 시베리아와 중앙아시아를 거쳐 유럽까지 갈 수 있다면 물류 시간과 비용을 획기적으로 줄일 수 있습니다. 특히 남북 간 종전선언이 이루어진다면 꿈에서나 볼 수 있었던 일들이 현실이 될 수 있습니다.

철도는 탄소배출을 줄이면서 대규모 물류 및 인적 수송이 가능한 친환경 운송수단입니다. 그래서 정부 차원에서 남북철도 연결을 넘어 대륙을 향한 유라시아철도 연결을 계획하고 추진하고 있습니다. 특히 2022년 초 강원도 동해북부선 강릉에서 제진에 이르는 111킬로미터 철도 복원을 위한 착공식을 시작으로 본격적인 유라시아철도 연결사업이 시작되었습니다.

유라시아철도 연결은 비용절감은 물론이고 우리나라고 동아시아 물류의 허브가 되어 엄청난 수익을 줄 수 있는 사업으로 평가받고 있습니다. 그래서 철도사업과 관련된 종목들 중에서 텐배거가 나타날 가능성을 배제할 수 없습니다. 그중 주요 관련주를 살펴보면 다음과 같습니다.

유라시아 철도사업 관련기업 TOP 10	
종목명	주요 사업내용
현대 로템	현대자동차그룹 계열의 글로벌 중공업체, 철도차량 제작, 고속전철, 경전철, 기관차, 객차 등의 철도차량 제작과 K1A1전차, 교량전차, 구난전차 등의 지상 군수장비를 비롯하여 제철설비, 프레스, 자동차생산설비, 환경설비 등
대아티아이	철도신호 제어시스템 시장 선도기업으로 상위권 시장점유율 유지 중, 2010년 11월 개통된 경부고속철도 2단계 구간 시공을 통해 CTC 고속철도 신호설비를 100% 국산화
대호에이엘	대륙철도, 현대로템 1차 협력업체 철도차량 임가공수주, 최대주주는 대호하이텍
특수건설	남북경협, 대륙철도, 해저터널, 철도, 도록, 교량, 터널, 산업플랜트 철도 및 도로 지하횡단 구조물 비개착시공, 대구경 교량기초시공, 쉴드터널 시공과 산업플랜트 제작 등의 사업을 하는 기초토목시공 전문업체로 철도, 조로 입체화 공사가 주력사업
삼현철강	남·북·러 가스관, 대륙철도, 철강재, POSCO에서 생산되는 열연제품 후판 등을 매입하여 가공·판매, 조선, 교량, 건설중장비, 해양구조물 등에 사용되는 원자재를 도매로 판매
옵티시스	남북철도, 디지털 광링크, 반도체 레이저, 고속 신호전등, 디지털 신호처리 등

종목명	주요 사업내용
한국종합기술	철도, 수처리, 도시계획, 도로, 교량, 항만, 사회간접자본 설계 분석 시험 감리, 상하수도, 수자원개발, 도시계획, 조경, 도로, 교통, 교량, 터널, 항만, 철도, 환경 등에서 사업수행
케이씨에스	철도, 인터넷은행, ATM, 핀테크, 금융기관에 사용되는 중대형서버. 도로/교통 인프라 사업. 대북철도 사업 기대감. 철기술 연구원과 저상굴절 차량, 경전철, 틸팅열차 국책과제수행 부각.
동아지질	지진, 터널 굴착과 지반개량 부문에 집중한 지하공간개발. 남북철도 터널. 남북철도 기대감. 터널 TMB공사 시장 90% 점유
포스코ITC	남북철도, 철도 시스템, 무선충전 기술, 제철소 스마트팩토리 등

　　남북경협은 남북화해의 상징적인 의미로서의 사업이라 큰 수익이 나는 기업을 찾는 일이 쉽지 않았습니다. 그러나 남북과 대륙을 연결하는 유라시아철도사업은 실제로 큰 수익이 발생할 수 있는 사업이고 우리나라 철도기술이 세계적으로 인정받는 수준이라는 점을 감안하면 향후 엄청난 성장잠재력을 가진 산업이 틀림없습니다. 다만 남북 간의 종전협상에 이은 평화협정 등 정치적인 과제들이 어떻게 해결되는지를 면밀히 살펴볼 필요가 있다는 점은 기억해야 합니다.

10장

차세대 텐배거
Top 10

TEN BAGGER

차세대 텐배거를 꼽아보고 공유하는 것은 즐거운 일이기도 하지만, 두려운 일이기도 합니다. 본인의 생각이 맞아들어가면 정말 신나고 좋은 일이지만, 예측이 빗나가면 두려운 일이 되는 것이죠.

지금부터 제시하는 차세대 텐배거 Top 10은 순전히 필자의 생각이라는 점을 미리 밝혀둡니다. 다른 의견이 있을 수 있다는 것을 충분히 인정하고, 그에 따른 비판도 겸허히 수용하겠습니다.

LG전자

　LG전자는 전기차와 자율주행에서 두각을 나타낼 가능성이 매우 큰 기업입니다. LG전자의 주력사업은 가전제품과 자동차 전장부품(전자장비부품)사업입니다. 그리고 애플이 스마트폰을 출시하기 이전까지는 2G폰의 최강자였습니다. 그러나 스마트폰 사업에 뒤늦게 뛰어드는 바람에 주가가 곤두박질치는 아픈 경험을 했죠.

　그러나 LG가 가지고 있는 경쟁력은 스마트폰 대응에 실패한 이후 빠른 실적회복의 동력이 되었습니다. LG전자의 모터는 세계 최고 수준입니다. 코로나19 시기를 지나는 동안 세계 가전의 최강자인 월풀의 세탁기를 누르고 명실공히 세계 제1의 가전업체가 되었습니다.

　그런데 가만히 생각해보면 전기차라는 것이 성능 좋은 모터와 배터리가 핵심입니다. 세계 최고 수준의 모터와 LG에너지솔루션이라는 세계 최고의 배터리업체를 거느린 LG전자의 입장에서는 전기차산업으로 진출하는 것은 어쩌면 당연한 수순입니다. 거기에 마그나Magna라는 캐나다 자동차부품업체와 손잡고 사업을 하고 있으니 준비가 제대로 진행되고 있는 거죠.

　매년 1월에 열리는 세계가전박람회인 CES2022에서 LG전자는 자율주행 자동차의 컨셉카인 옴니팟OMNIPOD을 선보이면서

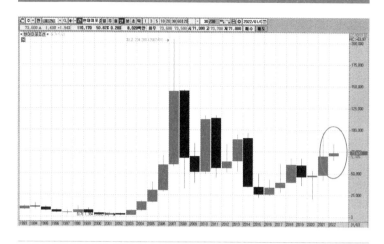

자율주행 자동차산업에 나설 것을 공식선언했습니다. LG전자
의 기술력과 상상력이 결합하면 자율주행자동차 산업에 돌풍
의 핵이 될 수 있으며, 그 꿈이 이루어질 때 LG전자는 진정한
텐배거의 반열에 오를 수 있을 겁니다.

　2022년 2월 현재 LG전자의 시가총액은 20조 원 수준으로,
경쟁사인 삼성전자의 20분의 1 수준입니다. LG전자의 위상을
고려할 때 삼성전자와 어깨를 겨누기는 힘들다고 하더라도 상
당 부분 추격할 것으로 예상합니다.

　다음은 LG전자 연간 주가 움직임입니다. 아직 상승 가능성이
충분하다는 것을 차트를 통해 볼 수 있습니다.

한국항공우주

우리나라 항공우주산업은 아직 개화기 단계에 머무르고 있는 수준입니다. 그러나 최근 잇단 발사체의 성공적인 실험으로 세계가 주목하는 우주항공의 다크호스로 떠오르고 있습니다. 이에 항국항공우주에 대한 관심도 올라가고 있죠.

항국항공우주는 항공기, 우주선, 위성체, 발사체 및 이들 부품에 대한 설계, 제조, 판매 등의 사업을 영위하고 있습니다. 군수산업의 대부분은 내수로 구성되며, 수요자인 방위사업청과 계약을 통해 제품의 연구개발, 생산, 성능개량, 후속지원 등을 수행하고 있습니다. 항공산업은 군용기, 민항기, 헬기 등 항공기를 개발하고 개발된 항공기를 양산하는 항공기 제조산업, 그리고 운영되는 항공기의 정비 및 개조를 담당하는 MROMaintenance, Repair and Operation부문으로 구분되어 있습니다.

특히 항공우주 관련 425개발사업은 고해상도 영상레이더SAR 탑재위성과 전자광학/적외선장비탑재 위성을 국내 주도로 연구하여 2025년 9월까지 개발을 완료하는 사업으로, 이 사업을 통하여 관심지역 감시 및 징후 탐지를 위한 정찰위성체계 확보를 기대할 수 있습니다. 또한 민수위성에서 국방위성으로 사업 영역을 확대해서 우리나라를 대표하는 체계종합업체로 성장하

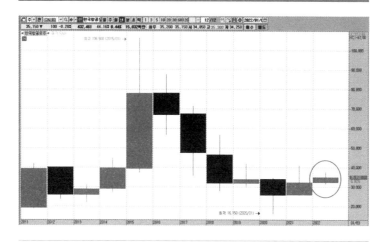

한국항공우주 연봉

고 제품별 표준화 및 기술특화로 수출경쟁력을 확보해 글로벌
시장에서 진출이 이루어진다면 수익성이 급격히 좋아질 수 있
습니다. 특히 2020년대 이후 우리나라의 무기체계가 중동 등 여
러 나라에 수출되고 있어 방산 부문에서도 꾸준한 실적을 기대
할 수 있습니다.

따라서 항국항공우주를 차세대 텐배거 후보에 올려봅니다.
한국항공우주의 연간 주가 움직임은 위와 같습니다.

나이벡

신약 개발과 관련해서는 용어도 어렵고 일반투자자로서는 어떤 약물이 어떻게 인체에서 작용하는지 알기도 어렵습니다.

최근 제약업계에서 가장 관심을 가지고 있는 분야 중 하나가 표적항암제입니다. 특정 암세포만을 공격해서 치료하는 것을 목표로 하는 약이죠.

이러한 연구 성과를 알아볼 수 있는 것이 바로 제약바이오업계의 학회인 컨퍼런스입니다. 펩타이드 융합 바이오 전문기업 나이벡은 '2022 JP모건 헬스케어 콘퍼런스'에서 펩타이드 약물전달플랫폼 'NIPEP-TPP' 기술과 주요 파이프라인 등 연구성과를 발표했습니다. 이에 따라 다수의 글로벌 제약사가 나이벡의 연구성과에 높은 관심을 보이면서 콘퍼런스가 끝난 후에도 미팅 요청이 쇄도했을 정도로 관심을 받는 기업입니다.

나이벡은 2022년 콘퍼런스에서 주로 NIPEP-TPP 약물전달플랫폼 기술인 'K-RAS 억제 항암제(표적항암제)'와 'BBB(뇌혈관장벽 셔틀)'에 대해 글로벌 제약사들과 논의를 진행했습니다. K-RAS 억제 항암치료제와 관련해서는 전임상 톱라인과 함께 자체 파이프라인 NIPEP-TPP-K-RAS가 '기존 약물 대비 평균 30배 낮은 저용량'에서 치료 효과가 높다는 전임상 자료를 발표했습니다.

글로벌 제약사들이 지금까지 개발을 추진한 K-RAS 항암 억제제는 고용량 투약에 따른 부작용이 극복해야 할 주요 과제로 남아 있는 상황인데, 저용량에서도 치료 효과를 볼 수 있는 신규 약물에 대한 시장의 요구가 계속되므로 나이벡의 K-RAS에 주목할 수밖에 없다는 것이 관련업계의 평가입니다.

최근 제약·바이오 업계는 뇌혈관장벽BBB 투과 전달체 개발에 주목하고 있는데, 나이벡의 BBB 투과 전달체 'NIPEP-TPP-BBB shuttle'은 자체의 높은 투과율과 '항체와 유전자 전달체' 융합 시에도 높은 투과율이 유지된다는 연구결과 발표로 다국적 제약업체의 높은 관심을 받고 있습니다. 또한 자체 파이프라인 중 섬유증 치료제와 염증성장질환 치료제의 글로벌 임상 1상을 계획하고 있습니다.

그러나 신약 개발은 많은 임상실험을 거쳐 성공에 이르기까지 정말 어려운 과정을 거쳐야 합니다. 그 어려운 과정을 넘어서면 기업의 가치는 측정할 수 없을 정도로 솟구치게 됩니다. 아직은 실적도 크게 좋지 않지만, 신약 개발의 최첨병에 서 있는 나이벡을 차세대 텐배거 후보로 꼽겠습니다. 나이벡의 연간 주가 움직임은 다음과 같습니다.

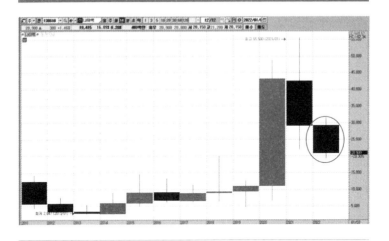

디어유

메타버스는 아직 어느 종목이 대표주자로 떠오를지 알 수 없는 분야입니다. 그리고 수익성 확보 여부도 불투명한 상황입니다. 2021 사업년도에 메타(페이스북)의 실적이 곤두박질쳤는데 그 주요 원인이 메타버스사업에서의 손실 때문이라고 합니다.

그러나 기술의 발전과 사회문화 환경의 변화로 인해 메타버스 세계가 우리 삶에 깊숙이 파고들 것이란 사실을 부인하는 사람은 없습니다. 따라서 아직 각종 ETF에 적극적으로 편입되고 있지 않지만, 과감하게 아이돌 등 셀럽들과의 소통창구를 만들고 수익성을 창출하는 디어유를 메타버스의 텐배거 후보로 올려봅니다.

디어유는 에스엠엔터테인먼트의 손자회사로, 2017년 모바일 가라오케 서비스인 에브리싱으로 설립된 이후 2020년 2월 아티스트와의 일대일 프라이빗 채팅 플랫폼인 '버블'을 런칭했습니다. SM을 시작으로 현재 FNC, Jellyfish, JYP 등 23개 기획사, 229명의 아티스트가 버블에 참여하고 있으며 출시 1년 만에 구독자 100만 명을 돌파해 2021년 하반기에는 120만 명을 상회하는 구독자를 확보하고 있습니다.

디어유의 채팅 플랫폼 버블은 차별화된 콘텐츠와 유료 구독 모델에 기반해 안정적으로 수익을 확보하고 있는데, 아티스트가 구독자의 닉네임을 불러주는 차별화된 서비스로 몰입감을 높이고, 버블에서만 볼 수 있는 아티스트의 사진이나 영상, 음성 등 다양한 독점 콘텐츠를 제공해 구독 유지율을 90% 수준으로 높게 유지하고 있습니다. 구독자 이탈 방지와 팬덤 록인 lock-in 효과가 동시에 발생하고 있죠.

또한 버블은 아이템 스토어를 시작으로 팬커머스 비즈니스로 확장하고 메타버스 서비스를 추가해 종합 엔터테인먼트 플랫폼으로의 도약을 목표로 하고 있습니다. 메타버스 서비스인 '마이홈'은 사용자 프로필 내 개인 공간으로, 향후 온라인 콘서트와 팬미팅 참여도 가능하고 NFT를 활용한 실물경제 연동이 가능

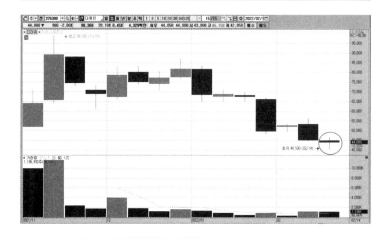

한 공간으로 만들어나갈 예정이라고 합니다.

새로운 산업 분야에 진출하는 많은 기업이 제대로 된 수익모델을 찾지 못해 결국 사라지는 경우가 많습니다. 따라서 기본적인 수익구조를 유지하면서 새로운 분야로 진출해나가는 전략이 필요합니다. 그 가운데 디어유가 있다는 것을 기억해야 합니다. 디어유는 2021년 11월 코스닥에 상장된 법인으로 주가 데이터가 많지 않습니다. 디어유의 주별 주가 움직임을 보면 위와 같습니다.

대아티아이

남북 간의 철도 연결과 더불어 유라시아대륙 철도가 연결되면 우리나라는 철도를 통한 인적, 물적 운송에서 획기적인 역사를 쓸 수 있게 됩니다. 너무 먼 얘기처럼 들릴지 모르지만, 한반도를 둘러싼 정치 환경이 급변하면 그날이 생각보다 일찍 다가올 수 있습니다. 그런 가운데 철도사업의 최대 수혜주는 대아티아이가 될 것으로 판단합니다.

대아티아이는 철도신호제어 시스템 개발 및 공급업을 주사업으로 하고 있습니다. 동사는 사업 초기인 2002년, 열차집중제어장치CTC : Centralized Traffic Control를 독자적인 기술개발을 통해 국산화하여 지역관제실에 분포된 관제설비를 하나의 시스템으로 통합하여 일괄통제 하는 철도교통 관제 시스템을 구축했고, 이후 경부고속철도 KTX 1단계(서울-동대구) 구간과 2단계(동대구-부산) 구간, 호남고속철도, 수도권고속철도를 모두 수용하는 고속철도 관제시스템을 구축하며 CTC 분야에서 독보적인 기술력과 실적을 보유하고 있습니다.

대아티아이는 철도 안전운행 핵심기술인 자동열차방호시스템ATP 및 역 구내 열차운행의 안정성을 담보하는 핵심장비인 전자연동장치EI를 포함해, 철도신호제어 전 분야에 걸쳐 핵심적인 제품들을 개발 완료하고 철도신호제어 분야의 라인업 경쟁력을 확보하며 턴키사업 수행이 가능한 회사입니다. 2018년에는 LTE 통신망을 활용하여 열차운행의 대용량 데이터를 고속으로 전송하게 해주는 무선통신 기술인 LTE-RLTE based Railway wireless communication system(철도통합무선망) 시스템 사업의 수주를 받으며 주력 분야인 철도신호 외에 철도통신 분야로도 진출했습니다.

대아티아이는 해외 원천기술이 지배하던 철도신호 업계에서 오랜 기술개발을 바탕으로 각 기술을 단계적으로 국산화하며 국가 철도기술 발전에 기여해왔습니다. 이를 통해 이제는 인도네시아, 필리핀, 이집트 등 해외시장에 진출하여 글로벌 철도신호기업으로 도약하고 있습니다.

특히 주목해야 할 포인트는 CTC 기술을 중심으로 한 ATP automatic train protection(철도자동정지장치), EIElectronic Interlocking (전자연동장치) 등 철도신호제어 핵심 시스템입니다. 독자적인 기술개발을 통해 라인업 경쟁력을 확보했고, 이를 기반으로 국내 철도시장을 선도하는 리딩 컴퍼니로서 상위권의 위상을 확보했습니다.

이제 철도만 연결되면 제어시스템 분야에서 독보적인 기술력을 보유한 대아티아이가 텐배거 종목에 이름을 올릴 수도 있을 것입니다.

대아티아이의 연간 주가 움직임은 다음과 같습니다.

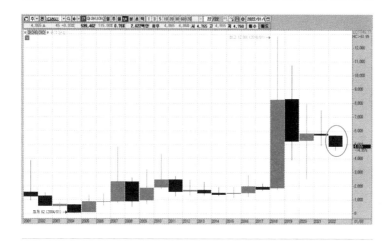

쎄트렉아이

우주항공산업은 로켓을 만들어 우주로 쏘아 올리는 사업이 지만 우주로 날아가는 사업만을 말하는 것은 아닙니다. 저궤도 의 인공위성을 이용해서 다양한 정보를 수집하고 이를 상업용 이나 군사용으로 사용하는 산업도 전 세계가 주목하는 사업입 니다. 우리 시장에서 그 핵심사업을 하는 기업이 바로 쎄트렉아 이입니다.

쎄트렉아이는 지구관측 위성시스템 개발 및 생산을 핵심사업 으로 영위하고 있으며, 특히 중·소형위성 시스템(SpaceEye-T, X,

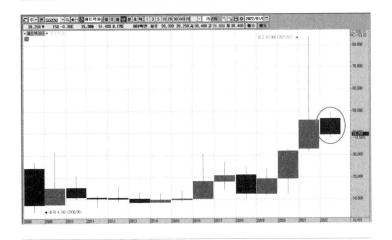

쎄트렉아이 연봉

M, W), 소형·중형·대형위성의 탑재체(EOS-T, X, D, W)와 부분품
개발 및 제조, 소형/중형/대형위성의 관제소프트웨어, 위성으로
부터 취득된 정보를 수신처리하기 위한 영상처리소프트웨어 등
을 개발하고 있습니다.

또한 위성을 제작하는 데 사용된 기술을 기반으로 군사 목적
으로 활용할 수 있는 군사위성과 무인기의 이동형 지상체 개발
을 주요사업으로 하는 방위사업을 영위하고 있습니다. 매출 비
중으로 보면 위성사업부문의 매출이 91%에 이르는 회사입니다.
자회사인 (주)에스아이아이에스와 (주)에스아이에이는 위성제조
사업의 전방사업인 위성영상 판매 사업과 인공지능 기반 위성영

상 분석사업을 하고 있습니다.

앞으로 글로벌 지구관측 위성 시장이 소형화되면서 인공위성 숫자가 큰 폭으로 증가할 것으로 전망되는데, 이는 쎄트렉아이에게는 매우 유리한 상황이 될 수 있습니다. 인공위성은 각종 정보취합을 위해 경쟁적으로 개발하고 있지만 인공위성을 발사할 수 있는 나라는 10개국 정도에 불과합니다. 이런 점에서 미래산업인 우주항공산업의 총아 쎄트렉아이를 차세대 텐배거 후보로 올려봅니다.

한화시스템

한화시스템과 그 종속회사는 방산전자 분야의 핵심기술을 바탕으로 제품의 개발, 생산 및 판매를 주요 사업으로 하는 방산 부문과 기업의 전산 시스템을 구축SI, 유지보수ITO 등 서비스를 판매하는 ICT 부문, 신사업 분야인 에어모빌리티Air Mobility, 위성통신사업, 디지털 플랫폼을 주축으로 하는 기타 부문으로 나뉩니다. 즉 방위산업과 IT 서비스를 융합한 국내 유일의 기업인 것이죠.

한화시스템은 회사의 미래 지속가능한 경영을 하기 위한 신사업을 주축으로 구성되어 있습니다. 특히 주목해야 하는 신사업인 에어모빌리티 사업은 도심 상공에서 사람이나 화물을 운송할 수 있는 차세대 교통 체계입니다. 현재 미국 오버에어Overair 사에 지분투자를 하는 동시에 인력을 오버에어 사에 파견해 기체 공동협력 개발을 진행하고 있습니다. 국내에서는 UAMUrban Air Mobility(도심항공교통)팀 코리아에 업체 대표로 참가해 글로벌 UAM 솔루션 프로바이더Solution Provider 비전을 바탕으로, 미래형 모빌리티 PAV 기체, 서비스, 인프라 등 미래 모빌리티에 대한 토탈 솔루션 제공을 목표로 전방위적인 사업기회를 발굴하고 있습니다.

위성통신사업으로는 저궤도 위성을 중심으로 위성통신 안테나, 위성통신 서비스 등의 사업을 추진 및 계획하고 있습니다. 특히 통신 서비스 중 저궤도통신 서비스의 폭발적 성장을 예상하고 있는데 이 서비스가 6G입니다.

6G의 경우 미국을 비롯한 선진국의 경우 2018년부터 연구개발을 본격적으로 시작하고 있고, 중국의 경우 2019년부터 시작하고 있습니다. 우리나라의 경우에도 과학기술정보통신부 주관으로 2021~2025년까지 약 2,000억 원 규모의 투자를 추진하고 있습니다.

위성통신에 사용되는 위성, 특히 저궤도 위성이 이처럼 갑자기 부각하는 이유는 로켓 재사용 기술 발전으로, 향후 빠른 시일 내에 활성화될 것으로 보이기 때문입니다.

현재 SpaceX, Oneweb, Amazon, Telesat 등 글로벌 혁신기업들은 저궤도 위성통신에 적극적으로 투자하고 있으며, 많은 기업이 도전하고 있습니다. 한화시스템의 경우에는 그동안 쌓은 군사용 위성통신과 레이더 기술을 바탕으로 저궤도 위성통신에 최적의 성능을 발휘할 수 있는 안테나 기술에 투자를 해왔는데요. 최근 원웹에 3,000억 달러를 투자하며 저궤도 위성에 대한 접근권과 기술 확보가 용이해졌고, 한화가 계획하고 있는 UAM 서비스가 2025년부터 도입되기 시작합니다. 이에 대한 통신 서비스 수요가 증가한다면 큰 시너지를 낼 수 있을 것으로 보입니다. 아울러 자율주행 기술과 맞물린다면 수요는 더욱 커질 것입니다.

한화시스템은 우주항공산업, 그중 저궤도 위성과 ICT를 융합한 기술의 수요가 증가함에 따른 수혜종목이 될 것이라고 판단됩니다. 이에 한화시스템을 텐배거 후보로 올려봅니다. 한화시스템의 연간 주가 움직임은 다음과 같습니다.

LG에너지솔루션

　LG에너지솔루션은 국내 최대 화학기업인 LG화학의 배터리 사업이 물적분할되어 설립된 회사입니다. 동사는 1996년 리튬 이온 배터리 연구개발을 시작했으며 EV(전기차)시장의 시작부터 함께하며 시장을 선도하고 있습니다. 지속적인 성장을 거듭하며 끊임없는 연구개발과 신제품 출시 및 품질 혁신을 통해 한국의 에너지솔루션 산업을 대표하는 글로벌 기업으로 성장했습니다. 시장은 국내는 물론 세계 주요 거점에 생산, 판매, R&D 네트워크를 구축하고 전 세계를 대상으로 사업을 전개하고 있습니다.

LG에너지솔루션은 현재 EV, ESS, IT 기기, 전동공구, LEV 등에 적용되는 전지 관련 제품의 연구, 개발, 제조, 판매하는 사업을 영위하고 있으며 에너지솔루션 단일 사업 부문으로 구성되어 있습니다.

LG에너지솔루션의 강점은 세계 최다 특허와 30여 년의 노하우로 구축한 세계 최고의 기술력입니다. LG에너지솔루션은 주요 경쟁사들보다 10배 이상 많은 2만 3,610건의 특허를 확보하는 등 기술력에 있어 초격차를 유지하고 있습니다. 2,500명 넘는 R&D(연구개발) 인력을 보유 중이며, 지난 10년간 5조 3,000억 원 이상을 R&D 관련분야에 투자했습니다.

LG에너지솔루션이 독보적으로 보유한 기술로는 차세대 전극 기술, '라미&스택' 공법, 안전성 강화 분리막이 손꼽힙니다. 차세대 전극 기술과 관련해 2007년 세계 최초로 삼성분계 NCM523(니켈5:코발트2:망간3) 양극재 적용 배터리를 생산한 데 이어 2016년에도 세계 최초로 NCM622 양극재 적용 배터리를 양산하는 등 전극 분야에서 독보적인 기술을 확보하고 있습니다. 차세대 양극재로 각광을 받고 있는 하이니켈 분야에서도 용량, 수명, 저항 등 모든 성능이 앞서 있는 것으로 평가받는 NCMA(니켈·코발트·망간·알루미늄) 배터리를 2022년 양산할 계획입니다. NCMA 배터리의 니켈 함량은 90%에 달하고, 코발트

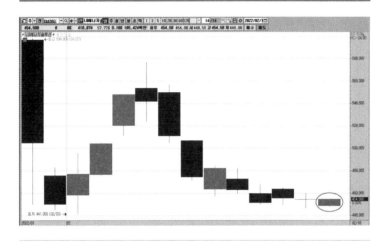

는 5% 이하이며 급속충전까지 가능합니다.

이렇듯 LG에너지솔루션은 2차전지 업계에서는 단연 최고의 기업임에 틀림없습니다. 한 가지 비판을 받는 것은 주식시장 상장을 위한 공모가산정에 거품이 있다는 겁니다. 그러나 이는 시간이 지나면서 조정이 가능할 것으로 보입니다.

2차전지 시장은 미래산업의 기본적인 인프라산업입니다. 배터리 완성품을 제조·생산하는 배터리셀업체 중 가장 경쟁력 있는 회사가 바로 LG에너지솔루션으로 평가하므로 차세대 텐베게 명단에 이름을 올려보겠습니다.

현대로템

현대로템은 1999년 설립되어 국가 기간산업인 철도차량 제작, E&MElectrical & Mechanical 및 O&MOperation & Maintenance 등을 영위하고 있는 철도사업, K계열 전차와 차륜형장갑차 양산사업, 창정비사업 등을 수행하는 방산사업, 제철설비와 완성차 생산설비, 스마트팩토리 설비 및 수소인프라 설비 등을 납품하는 플랜트 사업을 영위하고 있습니다.

현대로템의 레일솔루션사업본부는 국내를 넘어 세계시장에 전동차, 고속전철, 경전철 등 각종 철도차량을 공급하고 있으며, 특히 철도 시스템 분야와 운영 및 차량 유지보수 등 철도 서비스 분야로 사업영역을 적극적으로 확대해나가고 있습니다. 미래 시장 수요에 대응하기 위해 동력분산식 고속전철 KTX-이음을 2021년 초 성공적으로 영업 운행에 투입했으며, 무가선트램, 2층 전동차, 수소전기트램 등 신차종 개발에도 박차를 가하고 있습니다. 신규 차종의 연구개발과 상용화를 통해 세계 철도차량 시장에서의 입지를 공고히 하고 있습니다.

디펜스솔루션사업본부는 지상무기 체계의 연구개발 및 생산을 담당하고 있습니다. 세계적인 성능의 K2 전차를 성공적으로 개발하여 K1A1 전차 이후 지상군 핵심 전투력 증강 차원에서 전력화 사업을 진행하고 있으며, 해외 동맹국 전차개발 기술지

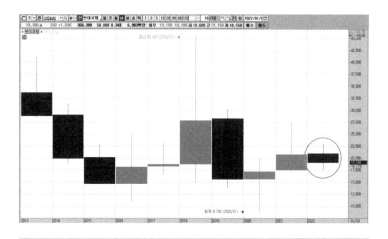

원사업을 추진하여 후속 연계사업도 준비하고 있습니다. 또한 국방개혁에 따라 우리 군의 기동성 향상을 위해 독자 개발된 차륜형장갑차에는 현대자동차그룹의 자동차 관련 기술을 접목하여 지속적으로 경쟁우위를 확보하고 있습니다. 목적에 따라 다양한 계열화를 구축할 수 있어서 현대로템의 핵심 사업 분야로 자리매김하고 있습니다.

에코플랜트사업본부는 높은 기술력을 바탕으로 국내외 다수의 철강 및 자동차 생산인프라 등의 공사를 성공적으로 수행해 왔습니다. 스마트팩토리 및 스마트물류사업에 진출하여 4차산업 미래기술 개발에도 앞장서고 있으며, 글로벌 수소경제 실현과 수소사회로의 진입을 선도하기 위한 수소충전소, 수소추출기 등 수소인프라 구축에도 노력하고 있습니다. 의왕연구소 내에 H2 설비조립센터를 준공하여 연간 수소추출기 20기 이상의 생산 능력을 구비했고, 국내 다수 지역의 지자체와 수소특수목적법인 등으로부터 수소추출기, 수소출하센터, 수소충전소 공급계약을 수주하여 수소시장 진입에 성공했습니다.

현대로템은 숨어 있는 보석입니다. 방산 부문과 수소를 중심으로 한 환경 부문은 물론이고 현대로템의 전동차는 유라시아 대륙횡단열차사업이 본격화되면 누구보다 먼저 수혜를 받는 종목이 될 것으로 판단합니다. 따라서 현대로템을 차세대 텐배거 후보에 올립니다.

앱클론

앱클론은 항체의약품 개발을 위해 혁신항체 기술을 보유한 한국 과학자그룹과 첨단 바이오 기술을 보유한 스웨덴 과학자그룹이 공동 참여하여 2010년에 설립한 바이오벤처기업입니다. 동사는 타 바이오 기업과는 다르게 혁신항체 디스커버리 플랫폼을 바탕으로 지속적으로 항체신약 후보를 도출할 수 있는 프로세스를 갖추고 있습니다.

앱클론이 보유한 연구 플랫폼은 크게 3가지로 나눌 수 있습니다.

첫 번째, 타깃으로 하는 질환단백질에 대한 새로운 에피토프Epitope(항원결정기)를 찾아내는 항체 디스커버리 플랫폼인 NESTNovel Epitope Screening Technology입니다. NEST 플랫폼은 쉽게 말하면 항체를 질환 단백질의 급소에 붙이는 기술을 말합니다. NEST 플랫폼의 대표적인 성과로 AC101(단클론항체)의 발굴이 있습니다. AC101은 위암 및 유방암을 적응증으로 하는 항체치료제이며, 질환단백질 HER2를 타깃으로 하고 있습니다. 위암 및 유방암 동물모델에서 HER2를 타깃으로 하는 치료제인 허셉틴과의 병용요법에서 퍼제타 대비 우수한 고형암 제어 효능을 보였습니다.

두 번째, 단클론항체와 Affibody(인공항체)를 결합하여 각각의 장점을 극대화한 이중항체 개발 플랫폼인 AffiMabAffibody-fused Bispecific Antibody있습니다. Affibody란 단클론항체 대비 25분의 1의 작은 크기지만 항체의 특성을 유지하는 물질입니다. AffiMab 플랫폼을 통해 발굴한 이중항체의약품으로 AM105가 있습니다. AM105는 T세포의 CD137과 대장암의 질환단백질인 EGFR을 동시에 겨냥해 결합하는 면역항암제입니다. 대장암은 고형암 중 사망률 2위 및 매년 100만 명 이상이 진단되는 질환이기에 신약에 대한 충족되지 않은 욕구가 여전

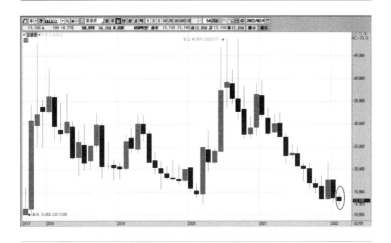

히 존재합니다. EGFR이 과발현되는 암세포에 특이적으로 T세포를 활성화할 목적으로 AM105를 개발하고 있으며, 전임상 단계에서 기술이전하는 것을 목표로 하고 있습니다.

　세 번째, 환자의 T세포를 이용하여 맞춤형 항암제를 개발하는 기술인 CAR-TChimeric Antigen Receptor 플랫폼입니다. CAR-T 세포치료제는 암세포를 인식하는 CAR(수용체 유전자)를 인간의 T세포에 도입하여, 암세포를 스스로 파괴할 수 있도록 유전자 재조합한 세포치료제입니다. 현재 CAR-T 세포치료제는 킴리아, 예스카타 등 총 5종이 출시되어 CAR-T 치료제 시장의 선두에 서 있다는 평가입니다. 앱클론의 CAR-T 플랫폼으로 개발한 AT101은 질환단백질 CD19를 겨냥하는 혈액암 CAR-T 세포치료제입니다. 기존의 CAR-T 세포치료제는 FMC63이라는 마우스 유래 항체를 사용하지만, AT101은 CD19의 새로운 에피토프에 결합하는 신규 항체인 1218 항체를 사용했습니다. 1218 항체는 인간화 항체이기에 면역원성 제거와 낮은 CRSCytotoxic Release Syndrome(세포독성바출증후군)을 기대하고 있습니다. 기존 CAR-T 세포치료제에 불응환자군 및 재발환자군에 대해 향상된 치료 효과를 보인다는 것을 동물 모델을 통해 확인했다고 합니다.

바이오제약의 신약 개발은 긴 시간과 막대한 자금 그리고 연구 능력이 출중한 연구자들이 필요한 시장입니다. 성공 가능성은 낮으나 성공하기만 하면 큰 수익이 가능한 프로젝트입니다. 그중 항체의약품과 이중항체의약품, CAR-T의약품의 원천기술을 보유한 앱클론을 차세대 텐배거 후보에 올려봅니다.

당신이 텐배거의
진정한 주인이 되길

텐배거는 꿈에서나 만날 수 있는 신기루 같은 종목이라고 생각하지만, 역사상 수없이 많은 텐배거 종목이 나타났습니다. 이 말은 텐배거가 결코 손에 넣을 수 없는 가상의 종목은 아니란 겁니다.

하지만 누구나 텐배거를 손에 넣을 수는 없습니다. 텐배거를 손에 넣기 위해서는 먼저 기업가치의 변화에 대한 개념을 명확히 해야 합니다. 주식투자에는 분명 투기적인 요소가 있지만 다른 투기수단과 다르게 평가받는 것은 바로 주가가 장기적으로 기업가치에 수렴한다는 믿음이 있기 때문입니다. 그렇기 때문에 본질가치를 논할 수 없는 암호화폐나 카지노 등과는 차원이 다른 투자대상입니다.

기업가치는 간단히 말하면 첫째, '얼마나 많은 매출이 일어났는가?' 둘째, '수익성은 높은가?' 셋째, '그 좋은 상태가 장기간 지속 가능한가?'를 따져 묻는 겁니다.

기업가치가 극적으로 좋아질 때 텐배거는 등장합니다. 그래서 기업가치를 변화시킬 수 있는 요인인 사회의 변화 방향, 경기의 변화 방향 그리고 기업의 턴어라운드 여부 등을 지속적으로 묻고 답을 얻어야 합니다. 이를 위해서는 지속적인 독서를 통해 세상을 보는 통찰력을 길러야 합니다. 책 속에 텐배거가 있다는 믿음을 가져야 합니다.

텐배거를 손에 넣기 위해 필요한 또 하나의 조건은 10배, 20배의 수익을 얻을 수 있는 투자법입니다. 아무리 좋은 종목을 샀더라도 그 수익을 온전히 향유하지 못한다면 아무 소용없는 일이 됩니다. 거듭 강조하지만 텐배거 투자수익을 획득하기 위해 가장 중요한 조건은 바로 흔들림 없는 투자 자세입니다. 이를 위해서는 남의 돈으로 투자해서 만기에 대한 부담을 가져서는 안 됩니다. 또 통제할 수 없이 큰 돈을 투자해서 심리상태가 불안정해진다면 텐배거는 절대 이룰 수 없는 꿈이 됩니다.

이제 주식시장에 숨어 있는 텐배거 사냥에 나서야 할 때입니다. 우연히 텐배거를 만날 수도 있겠지만, 그렇게 만난 종목이 텐배거라는 것을 알아볼 수 있을 때 진정한 텐배거의 주인이 되는 겁니다.

　이 책을 읽는 모든 투자자가 텐배거의 주인공이 되기를 진심으로 기원합니다.

KI신서 10178

텐배거 1000% 수익 바이블

1판 1쇄 인쇄 2022년 3월 28일
1판 1쇄 발행 2022년 4월 6일

지은이 강병욱
펴낸이 김영곤
펴낸곳 (주)북이십일 21세기북스

출판사업부문이사 정지은
인생명강팀장 윤서진 **인생명강팀** 남영란 강혜지
디자인 표지 this-cover.kr **본문** 제이알컴
출판마케팅영업본부장 민안기
마케팅2팀 나은경 정유진 박보미
출판영업팀 이광호 최명열
제작팀 이영민 권경민

출판등록 2000년 5월 6일 제406-2003-061호
주소 (10881) 경기도 파주시 회동길 201(문발동)
대표전화 031-955-2100 **팩스** 031-955-2151 **이메일** book21@book21.co.kr

ⓒ 강병욱, 2022

ISBN 978-89-509-0021-2 03320

(주)북이십일 경계를 허무는 콘텐츠 리더

21세기북스 채널에서 도서 정보와 다양한 영상자료, 이벤트를 만나세요!

페이스북 facebook.com/jiinpill21 **포스트** post.naver.com/21c_editors
인스타그램 instagram.com/jiinpill21 **홈페이지** www.book21.com
유튜브 youtube.com/book21pub

서울대 **가**지 않아도 들을 수 있는 **명강**의! 〈서가명강〉
'서가명강'에서는 〈서가명강〉과 〈인생명강〉을 함께 만날 수 있습니다.
유튜브, 네이버, 팟캐스트에서 '서가명강'을 검색해보세요!

책값은 뒤표지에 있습니다.
이 책 내용의 일부 또는 전부를 재사용하려면 반드시 (주)북이십일의 동의를 얻어야 합니다.
잘못 만들어진 책은 구입하신 서점에서 교환해드립니다.